全国革命老区县发展史丛书·广东卷

广州市天河区革命老区发展史

广州市天河区革命老区发展史编委会 编

SPM 南方出版传媒 广东人民出版社
·广州·

图书在版编目（CIP）数据

广州市天河区革命老区发展史/广州市天河区革命老区发展史编委会编．—广州：广东人民出版社，2021.7
（全国革命老区县发展史丛书·广东卷）
ISBN 978-7-218-15127-4

Ⅰ．①广⋯ Ⅱ．①广⋯ Ⅲ．①天河区—地方史 Ⅳ．①K296.54

中国版本图书馆CIP数据核字(2021)第118553号

GUANGZHOU SHI TIANHE QU GEMING LAOQU FAZHANSHI
广州市天河区革命老区发展史
广州市天河区革命老区发展史编委会　编　　　版权所有　翻印必究

出 版 人：肖风华

策划统筹：陈海烈　夏素玲　谢　尚
责任编辑：李　敏　温玲玲　罗　丹
装帧设计：张力平等
责任技编：吴彦斌　周星奎

出版发行：广东人民出版社
地　　址：广州市海珠区新港西路204号2号楼（邮政编码：510300）
电　　话：（020）85716809（总编室）
传　　真：（020）85716872
网　　址：http://www.gdpph.com
印　　刷：广州市浩诚印刷有限公司
开　　本：715mm×995mm　1/16
印　　张：18.75　　插　页：4　　字　数：230千
版　　次：2021年7月第1版
印　　次：2021年7月第1次印刷
定　　价：68.00元

如发现印装质量问题，影响阅读，请与出版社（020-85716849）联系调换。
售书热线：（020）85716826

广东省编纂《革命老区县发展史》丛书指导小组

组　　长：陈开枝（广东省老区建设促进会会长）
副组长：林华景（广东省老区建设促进会常务副会长）
　　　　宋宗约（广东省农业农村厅二级巡视员、广东省老区建设促进会副会长）
　　　　刘文炎（广东省老区建设促进会副会长）
　　　　郑木胜（广东省老区建设促进会副会长）
　　　　姚泽源（广东省老区建设促进会副会长兼秘书长）
　　　　谭世勋（广东省老区建设促进会副会长）
　　　　廖纪坤（广东省农业农村厅总经济师）

办公室

主　　任：姚泽源（兼）
副主任：韦　浩（广东省农业农村厅扶贫协作与老区建设处处长）
　　　　柯绍华（广东省老区建设促进会副秘书长）
　　　　伍依丽（广东省老区建设促进会副秘书长）

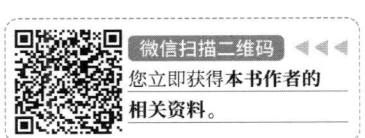

广州市编纂《革命老区县发展史》丛书指导小组

组　　长：黄小晶（中共广州市委党史文献研究室主任）
副组长：胡巧利（中共广州市委党史文献研究室副主任）
成　　员：周艳红　姚士静　董泽国

《广州市天河区革命老区发展史》
编纂委员会

主　　　任：邵国明
副 主 任：叶春青　王永芝　刘开勤　王异军
　　　　　　肖　琰
编　　　委：蔡维朗　杨松裕　戴　涓　崔宝宏
　　　　　　谢少伟　韦　璐　孙运东　曾　繁
　　　　　　姚奕宇　曾　思　谢敏云　梁成文
　　　　　　梁昌凌　周　华　梁永康

总序

在举国欢庆中华人民共和国成立70周年前夕，中国老区建设促进会王健会长请我为《全国革命老区县发展史》丛书作序，作为一名在老区战斗过并得到老区人民生死相助的老兵，回首往事，心潮澎湃，感慨万千，深感义不容辞，欣然应允。

中国革命老区，是以毛泽东为代表的中国共产党人在领导人民推翻帝国主义、封建主义和官僚资本主义三座大山，争取民族独立和人民解放伟大斗争中建立的革命根据地，在这片红色的土地上，诞生了无数可歌可泣的革命英雄儿女，为后人树起了一座不朽的丰碑，她是新中国的摇篮，是党和军队的根。

在艰苦卓绝的战争年代，老区人民把自己的命运与中华民族的命运紧紧地联系在一起，与中国共产党和人民军队的命运紧紧地联系在一起，他们生死相依，患难与共。我曾亲历过战争年代，并得到过老区红哥红嫂的救助，切身感受到发生在身边的一幕幕撼天动地的革命故事，在那极其艰难的条件下，老区人民倾其所有、破家支前，不怕艰难困苦，不怕流血牺牲。"最后一碗米送去做军粮，最后一尺布送去做军装，最后一件老棉袄盖在担架上，最后一个亲骨肉送去上战场"，这是当时伟大的老区人民为建立新中国做出巨大牺牲的真实写照，它将永远镌刻在中国共产党、中国人民解放军、中华人民共和国的历史丰碑上。他们的光辉业绩永载史册，他们的革命精神必将影响一代又一代的革命新人，造就一代又一代的民族脊梁。

在社会主义革命和建设时期,革命老区和老区人民响应党的号召,面对落后的面貌、脆弱的经济、恶劣的生态环境,他们本色不变,精神不丢,自力更生,艰苦奋斗,干一行爱一行。始终坚持"革命理想高于天",自觉做共产主义远大理想的坚定信仰者和忠实实践者,勇于向恶劣的自然环境和贫穷落后宣战,他们在各条战线上为国建功立业,用平凡的双手创造了一个又一个不平凡的奇迹,彰显了老区人的崇高精神和人格力量。

在改革开放的伟大进程中,老区人民解放思想,勇于创新,发奋图强,攻坚克难,老区的经济社会建设取得了辉煌成就。特别是在改变中国的面貌、中华民族的面貌、中国人民的面貌、中国共产党的面貌的伟大实践中发挥了至关重要的作用。老区人民既是改革开放的参与者,也是改革开放的推动者。

艰苦练意志,危难见精神。老区人民在近百年的革命战争、社会主义建设和改革开放的伟大实践中,孕育形成了伟大的老区精神:爱党信党、坚定不移的理想信念;舍生忘死、无私奉献的博大胸怀;不屈不挠、敢于胜利的英雄气概;自强不息、艰苦奋斗的顽强斗志;求真务实、开拓创新的科学态度;鱼水情深、生死相依的光荣传统。这是党和人民宝贵的精神财富、丰厚的政治资源,是凝心聚力、振奋民族精神的重要法宝,也是社会主义核心价值观的重要内容。

中国老区建设促进会怀着强烈的政治责任感和历史使命感,组织全国各地老促会人员克服困难,尽心竭力编纂《全国革命老区县发展史》丛书,记录老区的光辉历史和辉煌成就,传承红色基因,弘扬老区精神,是功在当代、利及千秋的一件大事。手捧这部丛书的部分书稿,读着书中的故事,倍感亲切,深感这部丛书具有资政、育人、存史的社会功能,有着重要的时代和历史价值。它是不忘初心、牢记使命的源头活水，是赞颂共产党、讴歌老区人民的一部精品力作，是弘扬老区精神、传承红色记忆的丰厚载体，是一项继承优秀传统文化、弘扬革命文化、发展社会主义先进文化，坚定"四个自信"的宏大文化工程。它必将成为一种文化品牌，为各界人士了解老区宣传老区支持老区提供一部有价值的研究史料。希望读者朋友们能从中了解并牢记这些为党和民族的利益不断奉献的老区人民，从中得到教益，汲取人生奋斗的精神动力。

新时代赋予新使命，新起点开启新征程。让我们更加紧密地团结在以习近平同志为核心的党中央周围，坚持以习近平新时代中国特色社会主义思想为指导，增强"四个意识"，坚定"四个自信"，做到"两个维护"，弘扬老区精神，铭记苦难辉煌，为实现"两个一百年"奋斗目标，实现中华民族伟大复兴的中国梦做出新的更大的贡献！

迟浩田

2019 年 4 月 11 日

编写说明

2017年6月,中国老区建设促进会组织全国各地老促会启动编纂《全国革命老区县发展史》丛书,按照"建立中国共产党、成立中华人民共和国、推进改革开放和中国特色社会主义事业"三大里程碑的历史脉络,系统书写革命老区百年历史,深入挖掘革命老区红色文化资源,这对于充实丰富中国革命史籍宝库、在新时代传承红色基因、弘扬革命精神、强固根本,对于激励人们在新的历史条件下夺取中国特色社会主义伟大胜利,实现中华民族伟大复兴的中国梦具有重要意义。

丛书编纂以习近平新时代中国特色社会主义思想为指导,以《中国共产党历史》《中国共产党的九十年》等重要文献为基本依据,以党的领导为核心,以老区人民为主体,以老区发展为主线,体现历史进程特征,突出时代发展特色,坚持辩证唯物主义和历史唯物主义相统一、历史真实性与内容可读性相统一的原则,书写革命老区从站起来、富起来到强起来的光辉革命史、不懈奋斗史、辉煌成就史,把老区人民的伟大贡献、伟大创造、伟大成就、伟大精神充分展示出来,形成一部具有厚重历史特征和鲜明时代特色的精品力作。这是一部培根铸魂、守正创新,既为历史立言,又为时代服务,字里行间流淌着红色血脉、催生着革命激情的传世之作。丛书的编纂出版将成为讴歌党讴歌人民讴歌时代、传播红色文化、为革命老区和老区人民树碑立传的重要载体。

丛书按照编年体与纪事本末体相结合、以编年体为主的编写体例确定框架结构；运用时经事纬、点面结合的方式记述史实；坚持人事结合、以事带人的原则处理人与事的关系；采取夹叙夹议、叙论结合、以叙为主的方法展开内容。做到了史料与史论、历史与现实、政治与学术统一，文献性、学术性、知识性相兼容。

为编纂好《全国革命老区县发展史》丛书，打造红色文化品牌，中国老区建设促进会认真组织积极协调，提出政治立场鲜明、史料真实准确、思想论述深刻、历史维度厚重、时代特色突出、编写体例规范、篇目布局合理、审读把关严格、出版制作精良的编纂出版总要求，力求达到革命史籍精品的精神高度、思想深度、知识广度、语言力度，增强丛书的权威性和社会影响力。各省（区、市）、市（州、盟）、县（市、区、旗）老促会的同志，以强烈的使命感、责任感和紧迫感，勇于担当，积极作为，认真实施，组织由老促会成员、专家学者等参加的十余万人编纂队伍。编纂工作主体责任在县，省、市组织协调、有力指导、审读把关。各方面人员以高度负责的精神和科学严谨的态度，满腔热情地投入工作，为丛书编纂出版做出了重要贡献。丛书编纂工作还得到了党和国家有关部委、地方各级党委政府及有关部门的大力支持和积极参与，社会各界也给予了热情帮助。中共中央政治局原委员、中央军委原副主席、原国务委员兼国防部长迟浩田上将，对老区人民怀有深厚感情，对革命老区建设发展十分关注，欣然为《全国革命老区县发展史》丛书作总序。

丛书由总册和1 599部分册（每个革命老区县编纂1部分册）组成，共1 600册。鉴于丛书所记述的史实内容多、时间跨度长和编纂时间紧，不妥之处，敬请批评指正。

中国老区建设促进会

● 革命遗址 ●

解放军特种作战学院四方楼（黄埔军校燕塘分校旧址，2015年摄）

位于龙眼洞的璞庵樊公祠（龙眼洞农民协会旧址，2015年摄）

1944年梁明、招新就是在梁氏宗祠的厨房宣誓入党（2019年1月摄）

长湴村革命根据地原址梁氏宗祠（抗日战争革命老区根据地长湴村旧址，2015年摄）

● 老区新貌 ●

天河区机关大院（2020年摄）

珠江新城（黎裕衡，2015年摄）

天河体育中心运动场（王冬生，2010年摄）

猎德大桥（黎裕衡，2020年摄）

改造后的猎德村（梁琪，2020年摄）

天河路（司徒达俏，2020年摄）

天河公园湖心亭（胡硕堂，2015年摄）

排列整齐的长湴村民居（2019年4月摄）

长湴南大街（2020 年摄）

长湴公园（2020 年摄）

目录 contents

凡　例 / 001

序　言 / 001

第一章　革命老区概况 / 001
第一节　天河区基本情况 / 002
　　一、区域人口 / 002
　　二、历史沿革 / 005
　　三、自然地理条件 / 009
　　四、社会状况 / 013
第二节　长湴村被评划为革命老区 / 015
　　一、评划过程 / 015
　　二、审批文件 / 017
　　三、挂牌庆贺 / 020

第二章　大革命时期和土地革命战争时期 / 027
第一节　天河地区农会的建立和活动 / 028
　　一、东圃地区农会 / 028

二、沙河地区农会 / 031

三、参加平定陈炯明叛乱的斗争 / 032

四、参加平定滇桂军阀叛乱的斗争 / 035

第二节　重要革命领导人的活动 / 038

一、毛泽东到黄埔军校燕塘分校做报告 / 038

二、李海筹投身革命 / 039

第三节　广州起义在天河地区的经过 / 041

一、燕塘俘获敌炮兵团 / 041

二、燕塘突围 / 043

三、部分起义军在龙眼洞走失 / 044

四、避难渔沙坦村 / 046

第四节　天河地区党组织开始活动 / 048

一、中共番禺县委对天河地区情况的分析 / 048

二、党组织在天河地区的活动 / 051

第五节　国立中山大学学生的革命活动 / 053

一、国立中山大学迁址石牌 / 053

二、国立中山大学开办农民夜校 / 056

第三章　抗日战争时期 / 061

第一节　国立中山大学在长湴村的革命活动 / 062

一、发动夜校学员营救爱国学生 / 062

二、组建长湴农民抗日先锋队 / 062

三、创建长湴抗日战争根据地 / 065

第二节　东江纵队在天河地区的活动 / 072

一、建立联络站 / 072

二、组建乡村抗日武装 / 073

三、打退进村伪军 / 074

　　　　四、罗浮山集训 / 075

　　　　五、袭击日军 / 075

　　　　六、活捉汉奸 / 076

　　　　七、机智夺运日军机枪 / 076

　　　　八、袭击龙眼洞伪警察所 / 078

　　　　九、进行抗日宣传活动 / 080

　　　　十、经历艰险，流血牺牲 / 081

第四章　解放战争时期 / 087

第一节　建立革命武装队伍 / 088

　　　　一、建立武工队 / 088

　　　　二、成立游击队 / 089

第二节　掩护中大进步学生 / 091

　　　　一、开设店铺 / 091

　　　　二、村中留宿 / 091

第三节　加紧特工工作 / 094

　　　　一、建立情报站 / 094

　　　　二、加强统战策反 / 094

　　　　三、打入敌军内部 / 095

第四节　利用夜校开展斗争 / 097

　　　　一、再办石牌夜校 / 097

　　　　二、再办长湴夜校 / 098

第五节　迎接广州解放 / 101

　　　　一、扩大农村小学中共地下组织 / 101

　　　　二、建立禺东人民解放委员会 / 103

　　　　三、成立支援前线委员会 / 104

第五章　中华人民共和国成立后的建设发展 / 107

第一节　改革开放前的建设发展 / 108

　　一、社会经济发展 / 108

　　二、环境面貌 / 109

　　三、社会事业 / 110

　　四、生活设施 / 112

　　五、经济收入 / 113

　　六、领导关怀 / 115

第二节　改革开放后新时代的发展 / 119

　　一、社会经济发展 / 119

　　二、环境面貌 / 129

　　三、社会事业 / 143

　　四、生活设施 / 151

　　五、经济收入 / 153

附　录 / 161

附录一　革命遗址 / 162

附录二　革命文物 / 168

附录三　历史文献 / 170

附录四　红色歌谣 / 187

附录五　记述文章 / 189

附录六　革命人物 / 249

附录七　大事记 / 265

后　记 / 273

凡例

一、以马克思列宁主义、毛泽东思想、邓小平理论、"三个代表"重要思想、科学发展观、习近平新时代中国特色社会主义思想为指导，坚持辩证唯物主义和历史唯物主义，全面记述天河区革命老区的革命斗争和社会经济发展的历史，重点突出1949年前在中国共产党领导下的革命斗争史。

二、记述时间从1924年天河地区有中国共产党活动的历史开始，至2020年止。

三、记述地域范围为2020年的天河区行政辖区。

四、人物部类遵循"生不立传"原则，人物传主按生年排序。

五、各项数据采用国家统计部门数据。数据缺乏的，采用主管部门或主办单位提供的数据。

六、书中所称"改革开放前（后）"，以中共十一届三中全会召开的1978年12月为界。

七、1985年天河建区之前，用"天河地区"表示。天河建区后，"区"指天河区，"市"指广州市，"省"指广东省。

序言

天河区，是广东省省会广州市下辖的行政区，位于广州市的东面；2020年面积137.38平方千米，户籍人口101.05万人。

天河地区自1924年起开始有中国共产党的活动，其革命发展主要有三大特点。

一、革命事件和人物活动十分重要

中华人民共和国成立前，天河地区发生的革命事件和革命人物的活动具有区域特点，十分重要。

重要的革命人物主要有两个。一个是毛泽东。1926年9月3日，在广州的中共中央委员毛泽东以第六届农民运动讲习所所长的身份，应邀到孙中山创办、国共两党合作的黄埔军校燕塘分校（今禺东西路15号解放军特种作战学院）为师生演讲。毛泽东当年33岁。毛泽东的这一次革命活动历史，被收录到中共中央文献研究室编写的《毛泽东年谱》，2002年由中央文献出版社出版。另一个是籍贯在今天河区天河村的李海筹。他于1924年参加革命，在广州中共三大召开期间结识毛泽东等中央领导人，后来参加1925年的省港大罢工、1927年的广州起义，1930年受党派遣赴苏联留学；1927年担任广州市首届共青团市委书记，1928年任广东省委常委；1946年遇害。

重要的革命事件主要有两件。一件是1927年12月中共领导的广州起义，前敌总指挥叶挺率领部队首先袭击驻天河地区的沙河燕塘敌人炮兵团，俘虏全部敌军，打响广州起义的第一枪。另一件是1927年12月广州起义部队突围。从广州向东突围部队虽然有部分失散，误入天河地区的渔沙坦和龙眼洞，最后流散或被俘，但主力在沙河燕塘军营得以重新集结，保留了革命的火种，继续战斗。

二、中山大学进步学生发挥突出作用

1934年9月，中山大学从广州城里的文德路迁到天河地区的石牌（今五山地区），至1952年才迁往海珠区。中山大学学生党组织在天河地区党的建设和武装斗争方面起着领导作用。

从1936年起，中大学生在学校附近的石牌、长湴、龙洞各村开办夜校。他们在为农民上文化课的同时，也宣传革命思想和组织革命活动。其中影响最大的是在长湴村的活动。中山大学党员学生在这里举办夜校的基础上，成立青年抗日先锋队；建立天河地区第一个农村党支部——长湴党支部；组建抗日武装，取得掩护东江纵队游击队、夺运日军机枪、袭击龙眼洞伪警察所的战斗胜利，成功创建长湴村抗日根据地。这时期天河地区的农村革命骨干，几乎全是中山大学在各村举办夜校的青年学员，接受中山大学党员学生、夜校教师的组织领导。

三、改革开放后天河地区社会经济突飞猛进

改革开放前，天河区基本上是农村面貌，放眼望去，中山公路和黄埔公路就像广阔的田野上两根长长的筷子。改革开放后，随着社会经济的突飞猛进，天河区高楼大厦遍布，铁路、快速路纵横。至2011年，天河区已经建成广州市新的城市中心区。广州市新的中轴线从北往南经过天河区，珠江新城成为新的"羊城八景"之首，集聚广州市大部分超甲级写字楼、地标性建筑以及新中轴线城市景观，是广州市的新名片。

天河区人民群众的生活水平进入富裕阶段。以长湴村革命老

区根据地为例,该村1949年前是泥砖瓦房,改革开放后建起农民新村,2000年被评为"广州市小城镇建设样板工程",同时被省环保局评为"广东省生态示范村"。2007年根据广州市的统一部署,实行农村社会保障制度,取消退勤制度,村民统一购买社会养老保险。此外,长湴村还对老人实行生果金福利制度。至2020年,长湴村村民劳动力平均分配41 045元,全村有家庭小汽车600多台,平均每户1~2台。

天河区革命老区的发展史事迹辉煌,特点鲜明。历史发展充分说明:没有共产党就没有新中国,更没有今天天河区的繁华和人民的幸福生活。革命前辈的斗争精神永远鼓励着我们,不断去争取更大的胜利。

《广州市天河区革命老区发展史》编委会

2021年2月

第一章
革命老区概况

第一节 天河区基本情况

一、区域人口

（一）区域

1985年5月24日，国务院正式批准成立天河区。当时天河区的范围是：东接黄埔区界；西至广州大道、广从路（包括沙河街、天河地区）；南至珠江；北至洞旗峰、广州畜牧场、车陂涌、吉山。之后，天河区的行政区域经历了7次扩大和5次缩小。

2020年，天河区位于东经113°15′55″～113°26′30″、北纬23°6′0″～23°14′45″，处于广州市东部、珠江北岸，四周都是市辖区。天河区版图四至不规则：东起岐山，与黄埔区相接；东南到深涌，与黄埔区相邻；南达珠江，与海珠区隔江相望；西南到海心沙岛，与越秀区二沙岛相邻；西至广州大道、水荫路、永福桥、先烈东路、广九铁路旧路轨，与越秀区接壤；西北到广州大道北五仙桥、黄猄坳，与白云区相连；北到筲箕窝，与白云区毗邻；东北到广汕公路高塘石，与黄埔区相邻。天河区政府驻地在天府路1号大院。1985年天河区成立时，面积102.5平方千米，辖区大部分是农田，占80%；2020年，天河区面积137.38平方千米，大部分是城区，占80%。

2020年，抗日战争革命老区根据地长湴村位于东经113°35′60″～113°35′62″、北纬23°18′0″～23°18′4″，处于广州市天河区北部、长兴街东北，距离长兴街道办事处约230米。

村庄东面是岑村,南面是五山街、华南农业大学,西面是元岗村,北面是龙洞街、华南植物园。村庄东面有长湴东路,南面有长兴路,西面有天源路,北面有长湴北路。中华人民共和国成立前,今华南农业大学即原中山大学农学院,与长湴村位置紧靠。故中山大学的进步师生利用这一有利的地理位置,积极发展长湴村的革命力量,将长湴变成革命根据地。2020年,长湴村面积约3平方千米。

(二)人口

1985年,天河区成立时常住人口只有20.04万人;1990年42.02万人,2000年110.93万人,2010年192万人。

2020年末户籍人口101.05万人,出生率11.42‰,死亡率3.43‰,自然增长率7.99‰。革命老区长湴村,1948年总人口808人,1950年1 062人,1990年2 089人,2000年2 391人,2010年1 987人。至2020年,长湴社区户籍人口3 208人,其中享有长湴村村民待遇的人口2 300人。

(三)名称由来

天河区建于1985年,以前大部分属广州市郊区,取名天河是因为辖区内历史上有天河村,后来中心地区有天河体育中心。天河村原名大水圳村,形成于宋代,1927年取吉祥意思改现名。天河体育中心始建于1984年,1986年落成,成为1987年全国第六届运动会(简称"六运会")的主会场,名气很大,故新区取其名。天河体育中心原址是天河机场,建于1928年。而天河机场又因其坐落在天河村而得名。1984年兴建天河体育中心时,天河机场成为仓库和余泥堆放地。

长湴村是天河区唯一挂牌的抗日战争革命老区根据地。"湴"是广州方言,意思是"泥湴";"长",即指泥湴很深和很多。因长湴村从前周围有沼泽地,有的地方沼泽较深、较多,故名长湴。村东今华南植物园原是长湴村土地，现今还留下6个湖泊。村北有大湖，名田坑湖，即在田地中间的湖。这些湖泊也是沼泽地的遗迹。

1955年暑假，广州铁路局第一小学少先队夏令营参观天河机场留影，后方是瘦狗岭，当时天河机场是民航机场

1986年落成的天河体育中心

二、历史沿革

（一）天河区行政归属沿革

1985年天河区成立之前，从未独立形成过建制。但天河区有着悠久的历史，最早追溯到四五千年前龙洞飞鹅岭新石器时代遗址。1956年，该遗址曾发现原始人砍砸用的石斧，磨制的石刀、石箭镞，捕鱼用的陶网坠、烧火用的火灶、纺织用的陶环等。宋代起，来自中原的人们因战乱、避难等原因辗转到此，开垦荒地，形成一个个村庄。之后，历经元、明、清、民国，这里一直未有独立建制。清朝是广东省番禺县鹿步司的一部分，这时的番禺县版图很大，有四司一捕属。四司是指鹿步司（包括今天河区、黄埔区、白云区一部分）、慕德里司（包括今白云区大部分）、茭塘司（今海珠区）、沙湾司（今番禺区）、捕属（今广州起义路南北一线以东的广州市旧城区）。

1949年10月，广州解放初期，天河地区西面靠近广州老城区的地方属广州市沙河区和石牌区（不久合并为白云区），辖石牌、冼村、猎德、杨箕、寺右、石东、林和、沙河墟等乡。天河地区东面和北面的大部分地区属于番禺县第四区、第五区。第四区辖棠下、车陂、黄村、长湴、元岗、前进、龙洞、珠村、吉山、新塘等地区，第五区辖柯木塱、渔沙坦等地区。1953年6月，天河地区东部的原番禺县第四区的新塘、黄村、珠村、棠下、长湴、石㘵龙、车陂、玉树、沐陂、潭村、吉山、莲溪、岑村、元岗等地区从番禺县划归新成立的广州市黄埔区。1985年天河建区前，天河地区中心辖区大部分属郊区管辖。东部新塘地区属广州市农场局新塘果园场管辖，东北部柯木塱、渔沙坦地区属广州市畜牧场管辖。

1985年5月24日，经国务院批准，广州市天河区正式成立。

天河地区大部分从郊区分出来，成为广州市辖行政区，但东部、东北部仍分别属广州市农场局新塘果园场和广州市畜牧场管辖。1994年，东北部柯木塱、渔沙坦地区从广州市畜牧场（凤凰公司）划归天河区。2000年8月，东部新塘地区从广州市农场局新塘果园场划归天河区。至此，天河区版图形成。

1985年，天河建区时，下辖原郊区的沙河、五山、员村、车陂4个街道办事处（简称"街"）和沙河区、东圃区2个区公所（区公所，即原来的人民公社，后来的镇），共23个乡（乡，即原来的生产大队，后来的行政村）。2002年，天河区撤销镇和行政村的设置，全部改为行政街道设置。2020年，天河区下辖21个街道办事处：沙河街、员村街、五山街、龙洞街、新塘街、天园街、猎德街、车陂街、冼村街、凤凰街、沙东街、兴华街、前进街、天河南街、黄村街、石牌街、棠下街、珠吉街、元岗街、林和街、长兴街。

1985年8月至1987年10月，中共天河区委、区人民政府设在云鹤南街17号

1987年10月4日，天河区机关搬迁到石牌天河路533号（1988年摄）

1999年1月起，天河区机关大院迁至天府路1号（2000年摄）

（二）长湴村行政归属沿革

长湴村始建于南宋末年，当时的行政归属无可查考。从明代开始，番禺县下设巡检司建制。据族谱记载，明代长湴村属番禺县鹿步司龙洞堡七图六甲。清代，长湴村属番禺县鹿步司龙洞堡，直至清末。

"长湴"二字第一次出现在官方文书中是在清同治十年（1871年）版《番禺县志》卷十八《建置略五》。清末光绪年间，长湴村属番禺县龙洞堡。龙洞堡属下的村庄主要有：高田窿、咸旗庄、犀牛角、黄獍塘、牛利冈、龙眼洞、剑嘴、长湴、上元岗、下元岗、田心、清水塘。

民国初年，番禺县沿袭清末旧建制。1931年，番禺县设区、乡、村建制，长湴乡属番禺县第四区。1936年，长湴村属番禺县龙洞堡乡同和约第八保。1937年7月，长湴乡随禺东地区的龙洞堡乡、冼猎杨堡乡、黄村堡乡、车陂堡乡划归广州市管辖。1938年10月，因抗日战争的形势所需，这些堡乡又划回番禺县管辖。之后至广州解放前，长湴村一直属番禺县第四区龙洞堡乡。

1949年至1951年期间，长湴村仍属番禺县第四区龙洞乡，乡政府设在龙洞，区政府设在东圃墟。1953年1月，广州市黄埔区成立，长湴村、上元岗、下元岗3个自然村划入广州市黄埔区，归长湴乡人民政府管辖。1954年6月，广州市黄埔区撤销，广州市白云区成立，长湴村划入广州市白云区，仍归长湴乡管辖。1956年7月，长湴村成立初级农业生产合作社，归广州市郊区沙东乡人民政府管辖；1958年2月，归广州市郊区沙河乡人民政府管辖。1958年8月，长湴大队归广州市郊区沙河人民公社龙洞管理区管辖。1961年3月，黄埔区第二次成立，长湴大队归广州市黄埔区龙洞人民公社管辖。

1962年8月，广州市黄埔区第二次撤销，沙河、石牌、龙洞3个公社合并为沙河人民公社。因龙洞公社撤销，长湴大队改由广州市郊区沙河人民公社管辖。1966年10月，长湴大队改称长红大队，1968年9月恢复原名。1984年1月，长湴大队由广州市郊区沙河区公所管辖，称长湴乡人民政府。

1985年5月，天河区成立，长湴乡人民政府由天河区沙河区公所管理。1987年，沙河区公所改为沙东镇人民政府，长湴乡人民政府改为长湴村村民委员会（简称"村委会"）。同年4月，沙河镇恢复原名，长湴村委会仍由沙河镇管辖。

2002年12月31日，沙河镇撤销，天河区长兴街道办事处成立，长湴村由沙河镇划出，归长兴街管辖。2005年5月16日，长湴村委会撤销，成立长湴经济发展有限公司，仍属长兴街管辖。

三、自然地理条件

（一）天河区的自然地理条件

天河区按地势可以分为3个区域：北部是低山丘陵区，海拔一般在222～400米；中部是台地区，海拔一般为30～50米；南部是冲积平原区，海拔大多只有1.5～2米。地势由北向南倾斜，形成低山丘陵、台地、冲积平原三级地台。其中，丘陵28.41平方千米，占20.72%；台地21.85平方千米，占15.94%；平原（包括冲积平原、宽谷、盆地）86.84平方千米，占63.34%。

天河区北部低山基本上是以筲箕窝水库为中心分东西两面排列，并以此作为天河区与萝岗区、白云区的分界。全区最高处为大和嶂（391米），位于北部，山脊分界处南北分别为天河区渔沙坦村与白云区太和镇。以大和嶂为基点往东与白云区的分界主要有杓麻山（388米）、凤凰山（或373.3米）、石狮顶（304米）等海拔在261～388米的11个山头，往西与白云区的分界主要有洞旗峰（312米）等海拔在147～312米的9个山头。筲箕窝水库以南有火炉山（322米），北部中央低处形成筲箕窝、龙洞、长湴和华南植物园等水库、宽谷和盆地。

天河区中部台地从东到西分布有吉山台地、五山台地和新塘台地。五山台地中有突出的瘦狗岭（131米）。瘦狗岭于2005年被广州市地质调查院列为市级地质遗迹区，称瘦狗岭断裂层。据中山大学1999年测定，该断裂层在8.55万年前形成，至今已经稳定。

天河区有长达11千米的珠江江岸线（沈敦文，2020年摄）

南部冲积平原分布在珠江沿岸的员村、石牌、冼村、猎德、车陂、前进村一带，并有八涌一湖。八涌从东到西依次为深涌（15.55千米）、车陂涌（20.4千米）、棠下涌（5.4千米）、程界涌（2.2千米）、员村涌（1.3千米）、潭村涌（2.2千米）、猎德涌（7.26千米）、沙河涌（15.12千米）。八涌基本上都由北向南流入珠江。一湖是天河公园中心湖（100亩）。由于城区面积迅速扩大，原有的山丘平整后建起民居，村中大量建房，致使河涌变窄，支流断流，湖泊缩小，池塘大部分被填平。

天河区南临珠江，江岸线长11千米，沿岸有临江大道，有50~80米宽的绿化带，海拔8~9米，高出江面4~5米。员村二横路绢麻厂南侧原广州港务局码头水深4.3米，员村南路南方面粉厂码头水深3.8米，其余地方沿岸水深1~2米。

（二）天河区的资源优势

1. 地形复杂多样。天河区背山面江，地形多样。北部有低山丘陵，建有凤凰山、龙眼洞、火炉山3个大型森林公园，每逢节假日，游人如织。群山中的筲箕窝水库是天河区最大的水库。

龙洞水库，又称筲箕窝水库，建成于1963年。水库主坝高15.5米，坝长124米，正常水位68米，相应库容189万立方米（2018年摄）

1965年6月12日，著名诗人、书法家郭沫若曾经冒雨到此游览，并留下一首七律："奔舟我喜寻诗乐，游泳人争入水先。畜牧场中黄犊壮，凤凰山上白云悬。风来松岭千章绿，雨落平塘万点圆。龙洞茶园新种就，惜无岛屿足盘旋。"

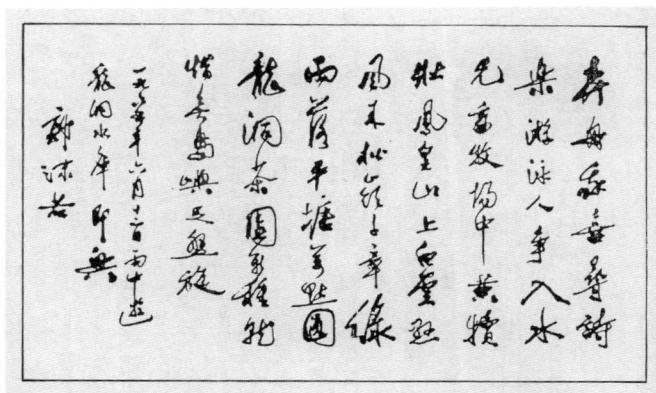

1965年6月12日，郭沫若游览筲箕窝水库并题诗

2. 辖区南临珠江。2011年5月，珠江新城与对岸的广州塔成为"羊城新八景"之首的"塔耀新城"。总面积56万平方米的花

城广场被誉为广州市的"城市客厅"。11千米的临江大道建有花岗岩坚固堤围和宽阔的绿化带,成为一道亮丽的风景线。江中小岛海心沙公园曾举办2010年亚运会的开幕式,给世界留下光辉璀璨的一夜。珍珠蚌般的猎德大桥在夜色中灯光璀璨,倒映在波光粼粼的珠江上。

2010年的海心沙岛,改造为亚运会开幕式举办地

3. 水资源丰富。天河区地表水资源主要有沙河涌、猎德涌、员村涌、潭村涌、程界涌、棠下涌、车陂涌、深涌等8条主要河涌,总长69.43千米。经过整治后的河涌,两岸绿树婆娑,流水清澈,成为人们休闲的好地方。尤其是每年的端午节举行龙舟竞赛,两岸人山人海,热闹非常。除地表水外,天河区的地下水资源也同样丰富。地下水主要集中在区东北部。其中有珠村矿泉水、龙眼洞矿泉水、凤凰山矿泉水3处水源。1996年11月,发现从龙眼洞到太和帽峰山一带约200平方千米的地下有大量水源,水质为偏硅型,低钠、低矿化度。从1997年起,柯木塱村一带地下纯净水得到大量开发,村庄被称为"长寿村"。此外,珠村、吉山、新塘、渔沙坦一带丘陵台地还有一些百年井泉,并得到保护和开发。

(三)长湴村自然地理

长湴村属丘陵地区,村庄背靠名为山林的小山头,整条村绕着山头而建。村南面房屋大都坐北向南，村北街道房屋大都坐西向东。村庄分东、南、西3条主要大街，成曲尺形，样子就像葫芦，由北往南下垂，上小下大，中间是华南植物园，四周边界是历史自然形成，成不规则的曲折状。村民说像耕田的牛轭。东街有11—20巷，南街有1—8巷，西街有5—11巷。西面有西北街、老南岗村、禾串树村、荔枝岗村。

2020年，长湴村位于天河区东北部、广汕公路东侧、长兴街道西北部。村庄东面是岑村，南面是五山街华南农业大学，西面是元岗村，北面是龙洞街龙眼洞村、华南植物园。

四、社会状况

2020年，天河区具有优越的区位优势和良好的城区环境，是广州市新城市中心区，位于广州市新中轴线上，拥有广州国际金融城、天河智慧城、天河中央商务区（简称"天河CBD"）和天河路商圈等平台。

1. 商务发达。天河CBD是全国三大商务区之一，是广州总部经济最发达、高端资源最集聚、现代化程度最高的区域。天河路商圈拥有广州购书中心、天河城、万菱汇、电脑城、摩登百货、天娱广场、太古汇、天环广场等著名购物商场。广州市标志性建筑中信广场、广州周大福金融中心（东塔）、广州国际金融中心（西塔）、广东省博物馆、广州图书馆、广州大剧院、广州市第二少年宫等均在区内。

2. 文教设施密集。石牌—五山一带，汇集华南理工大学、华南农业大学、华南师范大学、暨南大学、星海音乐学院等多所高校。有华南师范大学附中、执信中学天河校区、广州中学等中小学129所，幼儿园217所。旅游资源丰富，有火炉山森林公园、龙眼洞森林公园、凤凰山森林公园、天河公园、杨桃公园、橄榄公园等自然风景区。有丰富的风土人情，如列入国家级非物质文化遗产名录的珠村乞巧节，列入广州市非物质文化遗产名录的龙舟竞渡，以及舞狮、粤曲、客家山歌等特色文化。

3. 医疗卫生服务完善。全区拥有医疗卫生机构867个，其中省、市属三甲医院6家，包括中山大学附属第三医院、中山大学附属第六医院、暨南大学附属第一医院、南方医科大学第三附属医院、武警广东总队医院等。

4. 各级文物保护单位众多。有省级文物保护单位3处、市级文物保护单位17处、区级文物保护单位74处。十九路军淞沪抗日将士陵园、银河革命公墓、刘氏家庙、云从龙墓、朱执信墓、邓世昌衣冠冢、毛泽东视察棠下农业生产合作社旧址、周恩来总理视察岑村纪念旧址等，均在区内。

5. 交通便捷。天河区拥有地铁、快速公交系统（BRT）等多层次城市公共交通体系，有承担广九线的广州火车东站和远途运输的天河客运站、东圃汽车客运站，有琶洲大桥、猎德大桥、华南大桥、广州大桥等大型跨江大桥，有华南快速干线、广州环城高速公路、广深高速公路、广园快速路以及地铁1号线、3号线、3号线北延段、4号线、5号线、6号线、21号线、APM线贯穿辖区。

第二节 长湴村被评划为革命老区

一、评划过程

1990年，广东省人民政府办公厅转发国家民政部办公厅《关于评划解放战争游击根据地和确定老区乡镇、老区县问题的复函》。1991年10月21日，广东省民政厅印发《关于评划解放战争游击根据地和确定老区乡镇、老区县工作方案的通知》，要求各市、县、自治县人民政府开展评划解放战争游击根据地和确定老区乡镇、老区县工作（简称"评划工作"）。文件规定评划革命老区的条件：第一是建立了党的组织；第二是组织了农会、民兵组织；第三是建立了人民政权（包括"两面政权"）；第四是发动了群众参军参战。文件还规定了审批程序和权限、组织领导要求，明确评划工作争取在1992年底结束。

天河区人民政府积极配合广州市人民政府，开展评划工作。1992年10月，天河区民政局到长湴村调查，认为长湴村有可能符合评划革命老区的条件，应该准备材料上报。

得知消息，长湴村村民反应热烈，当年参加夜校和青年抗日先锋队的老人们奔走相告，组织起来，积极参加评划工作，积极撰写回忆录。至1992年12月，长湴村党支部组织撰写关于长湴村革命斗争史的材料共10页，7 000余字；革命老人梁明、招新撰写关于长湴村革命斗争史的材料共8页，3 000余字；招家勋写出回忆录800余字；招振强写出回忆录6页，1 000余字；梁池写出回忆录3页，1000余字。同时，寻找当年在夜校当教师的中山大学进步学生，请他们写出证明材料。其中有：徐幽明（广东省委统战部离休干部）、王永祥（广州中医学院原党委书记）、陈启（广州市第二轻工业局原副局长）、廖行（沙河军休所离休干部）、莫福生（广州市计划委员会离休干部）。

  1992年12月30日，长湴村委会向广州市人民政府提交申报革命老区的报告。1993年1月8日，沙河镇人民政府加具意见"情况属实，同意上报"。同年4月5日，长湴村填报《补划老区村庄审批表》，长湴村党支部副书记梁锦顺填报："情况属实，同意上报。"沙河镇人民政府副镇长姚应泉加具意见："同意上报。"天河区人民政府办公室派人到长湴村调查，召开长湴村革命老人座谈会，认为材料充足，符合条件。副区长李飞于是在审批表上加具意见："同意上报。"广州市人民政府副市长石安海加具意见："同意。"

  1993年6月26日，广州市人民政府发出《关于评划解放战争

为长湴村申报革命老区而多方联络奔走的长湴"五老"在当年用作夜校的梁氏宗祠前合影。图中左起：梁帝真、梁传坤、梁明、招新、罗潮江（1993年4月摄）

游击区和补划抗日战争根据地村庄的通知》，同意增城县派潭镇密石村等56个村庄分别为解放战争游击区和抗日战争根据地村庄，长涌村名列其中。

1993年8月6日，广东省民政厅发出《关于同意广州市密石等五十六个解放战争游击根据地和十一个抗日战争根据地村庄备案的复函》，长涌村名列其中，成为抗日战争根据地村庄。

二、审批文件

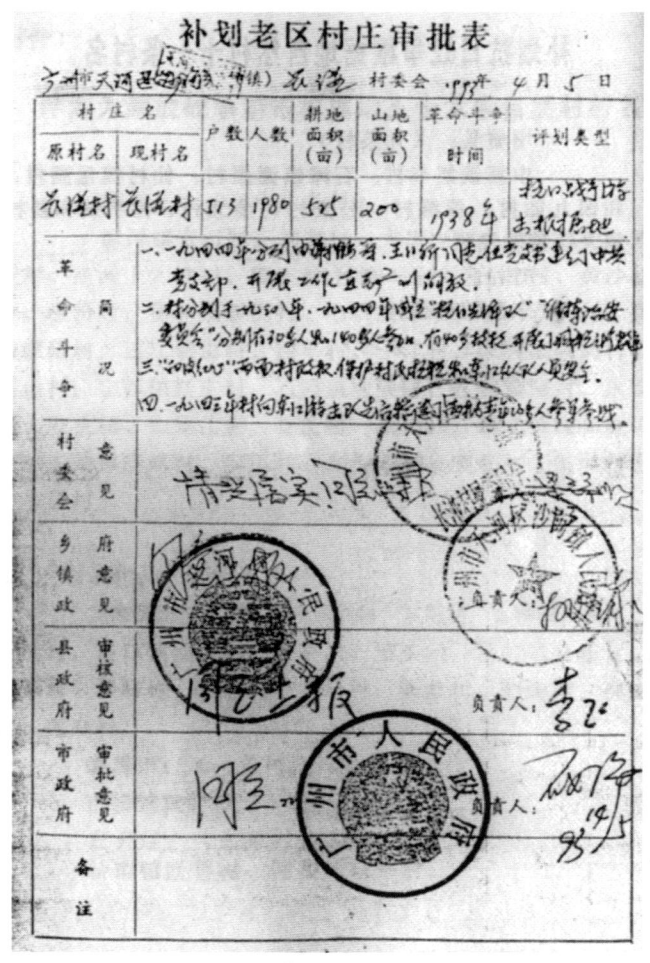

补划老区村庄审批表

评划和补划老区村庄文件1

评划和补划老区村庄文件2

评划和补划老区村庄文件3

评划和补划老区村庄文件4

广东省民政厅

粤民办函〔1993〕90号

关于同意广州市密石等五十六个解放战争
游击根据地和十一个抗日战争
根据地村庄备案的复函

广州市人民政府：

你市穗府函〔1993〕104号文收悉。根据粤民办字〔1993〕18号文规定，经审查，同意你市批准的密石村等五十六个解放战争游击根据地村庄和集丰村等十一个抗日战争根据地村庄备案。

此复。

附件：广州市解放战争游击根据地和补划的抗日战争根据地名单

广东省民政厅（印）
一九九三年八月六日

抄报：省人民政府
抄送：广州市老建委、民政局

一、广州市解放战争游击根据地名单（五十六个）

增城县：

派潭镇密石、刘家、大田园、樟洞坑、万能、高滩上九坡、双头、水口凼、玉枕、黄沙氹涩汾，福和镇新围、心岭、坳头、联安，荔城镇陆村，三江镇山村、四丰、子洋，朱村镇凤岗、秀山，宁西镇斯庄，石滩镇塘头，永和镇简村、永岗、陂头、山尾凼、新庄、长岗，镇龙镇均和金坑，正果镇庙尾、麻冚、乌头石、亮星、银场、合水店。

从化县：

龙潭镇大路脚，东明镇水尾、丹竹坑，太平镇秋枫洞、钱岗，良口镇象岗里、背阴、溪头洞，吕田镇大排、蚊山、山羊坑、石坝、田瑕心、黄迳、洽水塘、高坡头、三水。

番禺市：

市桥镇黄编村。

白云区：

新市镇上下新科，同和镇马市岭。

二、广州市补划抗日战争根据地名单（十一个）

增城县：

中新镇集丰，石滩镇谢屋，仙村镇岳湖，福和镇合口，永和镇南岭、枝山迳冚、云峰、谢屋，镇龙镇黄昏坳。

芳村区：

东漖镇凤溪。

天河区：

沙河镇长湴。

三、挂牌庆贺

1994年11月初，区民政局送来已经制作好的木牌，上书"抗日战争革命老区根据地长湴村旧址"。牌子挂在当年夜校校址梁氏宗祠门前的墙壁上。天河区民政局拨给长湴村2万元。长湴村将该款项用于制作长湴村革命

"抗日战争革命老区根据地长湴村旧址"牌子

斗争史展览,并举办庆祝会等。

1994年11月17日,长湴村举行挂牌仪式,中共天河区委常委马仁辉和长湴村党支部副书记梁锦顺在长湴村梁氏宗祠共同揭牌。顿时,鞭炮齐放,欢呼雷动。随后,10名长湴村老党员和村支部书记一起在梁氏宗祠前合影留念。当年在夜校当老师的部分中大学生和地下党员应邀出席庆典。老同志们汇聚一堂,旧地重游,回忆往事,感慨万千,互相勉励,并即席赋诗题词。

1994年11月17日,中共天河区委常委马仁辉(左)和长湴村党支部副书记梁锦顺(右)为"抗日战争革命老区根据地长湴村旧址"挂牌

1994年11月17日,"抗日战争革命老区根据地长湴村旧址"举行挂牌仪式,当年的部分老同志与村党支部书记合影。前排左起:梁明、梁容基、梁帝真。后排左起:梁灶桥(村党支部书记)、招振强、梁容毕、梁池、梁大雄、招新、梁传坤、梁树新

1995年,当年参加过长湴抗日斗争的老同志合影

2001年12月,招新(前排右四)和原长湴夜校部分教师探访王越教授(前排右三)

第一章 革命老区概况

王永祥为长涩村被列为抗日战争革命老区根据地暨村抗日先锋队队部重修开放题词志庆(王永祥为1949年前长涩村中共地下组织负责人)

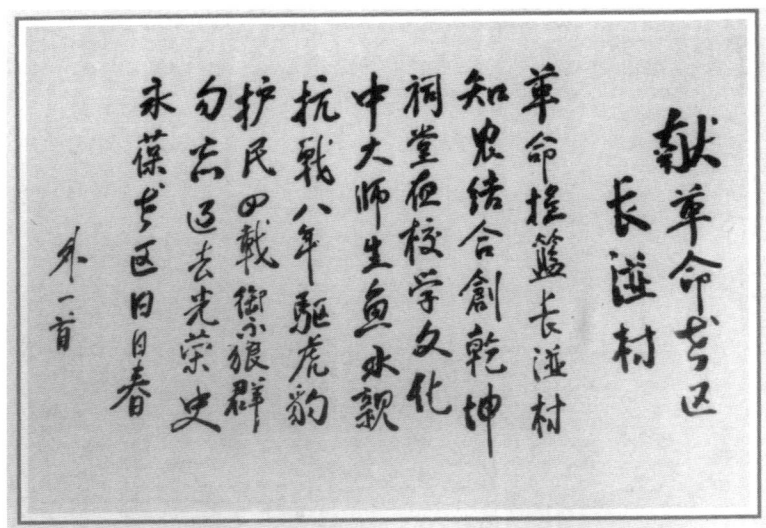

王永祥为长涩村被列为抗日战争革命老区根据地献诗

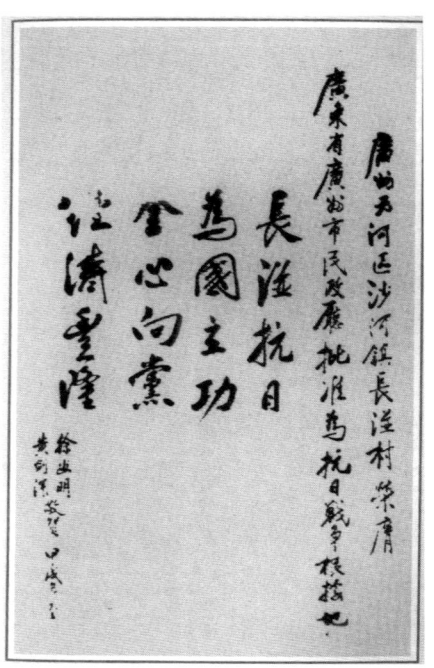

徐幽明、黄剑深敬贺长湴村被列为抗日战争革命老区根据地并题词（徐幽明、黄剑深为1949年前长湴村中共地下组织负责人）

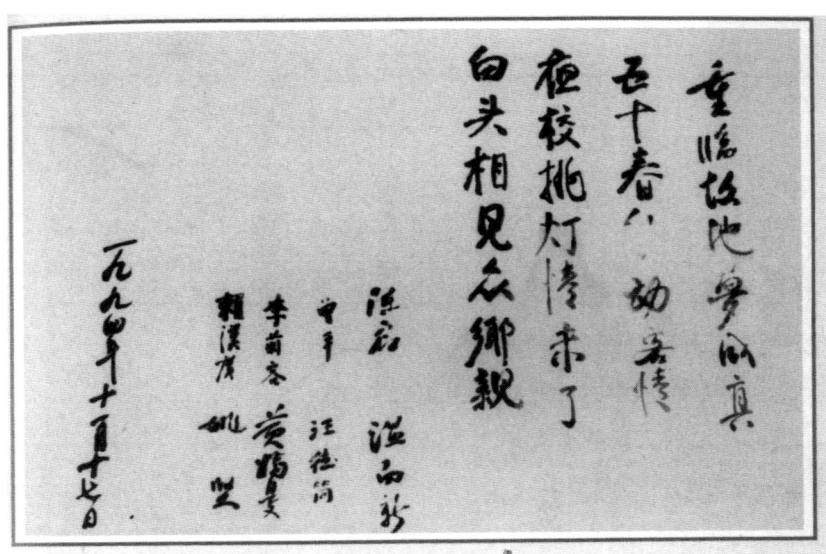

陈启、温而新、曾平、汪德简（女）、李菊容（女）、黄嫣曼（女）、赖汉广、姚坚（女）（上述均是原长湴夜校的教师）为长湴村被列为抗日战争革命老区根据地献诗

第一章 革命老区概况

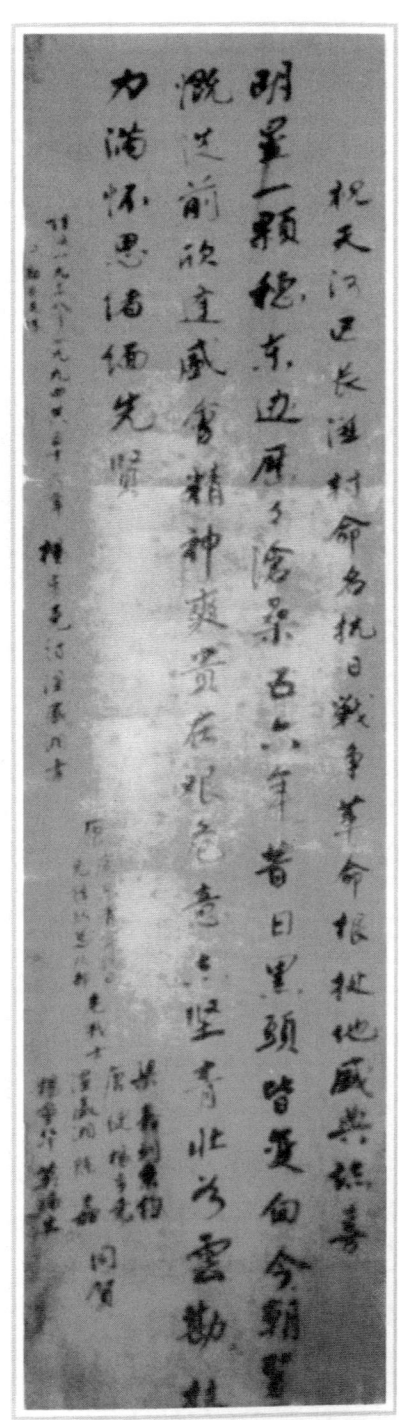

原广东青年抗日先锋队队员莫福生、杨步尧、陈磊、刘秉钧、梁嘉、唐健、温盛湘、杨重华献诗贺长滍村被列为抗日战争革命老区根据地

第二章
大革命时期和土地革命战争时期

第一节 天河地区农会的建立和活动

一、东圃地区农会

1921年7月,中国共产党在上海成立。1923年6月,中共三大决定同孙中山领导的国民党合作,确立革命统一战线的方针政策,促成了第一次国共合作。

1924年1月,在广州召开的国民党一大,标志着第一次国共合作的实现和大革命的起点。国共合作开创了革命新局面,工农革命运动得到合法且迅速的发展。林伯渠(共产党员)、彭素民、廖仲恺等先后担任国民党中央农民部部长。同年3月,国民党中央执行委员会举行第十五次会议,决定成立农民运动委员会,谭平山(共产党员)、廖仲恺等任委员。会议还决定选定交通方便,在政治上、军事上有重要意义及农民运动有一定基础的广州市郊和广宁、顺德、鹤山、东莞、佛山、中山、花县为重点区域组织农民协会。

同年8月,中共广州地委为了更有效地组织农民,在党内成立了农民运动委员会,先后由共产党员阮啸仙、彭湃、罗绮园任书记,负责国民党中央农民部及各地农民运动工作。中共广东区委先后派出共产党员黄谦、韦启瑞、凌希天、冯保葵、王镜湖、郑千里(番禺县人)、陈奠钊等以国民党中央农民部农运特派员的身份,到番禺各地组织农民协会。8月6日,广州市郊农民协会筹备会召开会议，推选各乡农民协会组织员，成立各乡农民协会。天河地区推选组织员的乡村有渔沙坦、伍仙桥、柯木塱等。在农运特派员的指导下，广州近郊农民运动呈现出迅猛发展的势头，农民协会组织如雨后春笋般涌现。

为培养农民运动干部，1924年7月在广州开办第一届农民运动讲习所（简称"农讲所"），共产党员彭湃任主任，学生中有共产党员20人。8月10日至19日，农讲所学员在黄埔军校完成10天的军事训练后，偕同黄埔军校的中共特别支部党员，分头到天河地区的东圃珠村（包括岐山自然村），以及新洲、黄埔、长洲、深井各处调查宣传，组织农会，受到农民的欢迎。

1924年夏秋，中共广州地委军委书记周恩来直接领导军校党组织的工作。从11月8日起，军校第一期第一总队学生举行毕业实习，学生队在珠村、鱼珠墟及附近演习战术实施。在升旗山、大岗村（珠村东北高地）各设瞭望哨，进行行军宿营战斗方式、联络勤务、土工作业等演习课目。之后，军校第四期学生在龙眼洞三宝墟、安平市（沙河墟）等地进行野营、前卫遭遇战等演习课目，并在演习地向民众散发传单。由此拉近了珠村、龙眼洞、元岗、沙河等地乡村农民与军人的关系，开启了农民对国民革命的认识。

1925年4月12日，在农民运动特派员、共产党员郑千里和韦庸之的指导下，成立番禺县第二区农民协会，包括黄村、长洲、夏岗、茅岗、鱼珠等乡村农民协会。同期，番禺县农民协会成立。5月1日，广东省第一次农民代表大会在广州召开，会上成立广东

番禺县第二区农民协会会员证章

珠村农民协会旧址（2020年摄）

省农民协会，选举彭湃、阮啸仙、罗绮园为省农会常务委员。番禺县第二区农民协会受广东省农民协会直接领导。番禺县第二区农民协会的成立，标志着番禺的农民运动进入了有组织、有党领导的新阶段。此后，在省、县农会的指导下，禺东的农民运动有了长足的发展。龙眼洞、沐陂、车陂、棠下、岑村、黄村、珠村、岐山、五仙桥、柯木塱、渔沙坦等乡村纷纷建立农民协会，组织农民自卫军，发动农民开展"二五"减租，请求县政府豁免加收的田亩捐等。5月11日，珠村农民协会在黄埔军校举行成立大会，推选回乡养病的国民党海军练习舰队少将司令潘文治为委员长。农民运动特派员郑千里在大会上讲话，廖仲恺和苏联顾问鲍罗廷授会旗。珠村农民协会地址设在珠村的潘姓公事厅。2012年，此处列为天河区文物保护单位。

1925年11月1日，广州市郊第二区农民协会成立，潘文治为委员长。第五届农讲所主任彭湃率领学生参加大会，受到农民的热烈欢迎。农讲所派代表在大会上讲话，并向大会致贺。广州市郊第二区农民协会包括珠村、长洲、玉树、仓头、北山、深井、东圃、五村、沥滘、新洲、沐陂、车陂等乡农会。次年4月，由于番禺各区乡农会隶属不明，省农会以罗绮园、潘文治、李惠覃、曾铁生、王镜湖、侯凤墀、王果强7人组成番禺县农民协会整理委员会，番禺县第二、四区（今属天河区）部分乡农会划入广州市郊农会。

1925年6月23日，车陂农民协会参加由广州工人、城郊农民及学生10多万人举行的支援上海五卅运动大游行，游行队伍途经沙基时被对岸沙面租界的英法帝国主义军队枪击，造成"沙基惨案"。

8月，广州国民政府动工修筑中山公路、粤汉铁路，自东山起经天河至黄埔，主要由参加省港大罢工的工人修筑。车陂、石牌、东圃一带农民协会参加了筑路。次年底竣工。

二、沙河地区农会

（一）沙河四区农民协会

扼山村位于今兴华街五仙桥北侧（原属沙河公社，1987年8月划归白云区同和镇）。1927年，这里治安混乱，不仅土匪常来掠夺骚扰，军队也常来征粮征物，欺压百姓。有一次，军队又到村里来征粮，由于农民无法交粮，军队便要逮捕农民，一些青年农民据理力争，双方几乎打起来。

1927年2月，五仙桥的青年农民张耀球、丘光学，认为扼山村的农民受压迫最深，基础较好，成立农民协会的条件比较成熟，于是到扼山村发动群众参加农民协会。张耀球先到扼山村祠堂召开群众大会，号召农民参加协会，说明农会是自己的组织，农民要团结起来才有力量，愿意参加农会的就主动报名。当时气氛热烈，有四五十人当即报名参加农会，并把宗族的枪支用作农会武装。该农会称作沙河四区农民协会，由五仙桥（今属天河区）、麦地、京溪、扼山村组成。扼山村成立一个中队，由该村农民何胜、何材记领导。农会设在扼山村祠堂，门口插上一支农民协会会旗，会旗是红色的，上面画着一张犁。每个农会会员都发给一枚会徽，会徽铜质红底，上面刻有一张犁，铸有"广州市东郊农民协会"字样。还给每个会员发一顶铜鼓帽，每人每月交少许会费。农会成立后，经常开会，内容大致是宣传农民们要团结，要打倒军阀，实现耕者有其田。有一次，农会会员集队到广州东校场接受检阅。又有一次，集队到沙河燕塘军营（今军体院）看京剧。农会成立后，军队及土匪就不敢再来滋扰了。

1927年4月15日，广州的国民党反动派发动反革命政变，屠杀共产党人。接到上级指示，扼山村农会中队领导人何材记要求农会会员们将会员证、铜鼓帽等收藏起来（1952年，当年参加农会的扼山村干部何应南将农会会员证章送交政府），农会会员全部上山躲避，几天后才下山。次年，何材记在同和的榕树头被捕，"罪名"是参加共产党的农会，是"土匪"，判处有期徒刑三年。

（二）龙眼洞农会

1927年3月，龙眼洞青年在村中的璞庵樊公祠成立番禺县农民协会龙眼洞分会（当时龙眼洞乡属于番禺县），领导人是樊积良、樊振文、樊应安等人，会员40余人。农会有统一的证章、竹帽，会旗是犁头旗。会员们白天劳动，晚上开会，内容多是关于爱国爱民、反帝反封建、打土豪分田地、组织起来翻身做主人等。

1927年12月，中共领导广州起义。龙眼洞村农会100多人在祠堂集中食宿，准备领取弹药，赶赴广州参加起义，随后得知起义失败而解散。大革命失败后，反动派要抓农会会员，这些会员就把会旗、铜鼓帽和证章埋到池塘里。广州解放后，有人在附近北面山区的渔沙坦等地农田中拾得农会证章。

三、参加平定陈炯明叛乱的斗争

（一）石牌农民参加平叛战斗

民国初期，各地军阀割据，政局动荡，孙中山领导的国民革命政府受到反动军阀的严重威胁。

1920年11月,陈炯明被任命为广东省省长兼粤军总司令。1922年6月16日,陈炯明叛变,后被革命军打败,退至惠州。1923年11月,陈炯明指挥7万余人分东西两路夹击广州。其中东路又分两路,一路沿广增公路向龙眼洞、瘦狗岭进击,一路沿广九铁路向车陂、石牌进击。孙中山令滇军杨希闵为讨贼联军总指挥,以粤军许崇智部和桂军刘震寰部防守石牌。双方经过激战,叛军被讨贼联军包围在龙眼洞地区,伤亡惨重,全线崩溃,部分向石牌方向溃逃。11月20日,讨贼联军乘胜从石牌沿广九铁路追击叛军,保卫广州之战取得胜利。

这期间,石牌乡民组织义勇队协助孙中山领导的革命军队击退陈炯明叛军的进犯。孙中山为表彰石牌人民在平定陈炯明叛军中所做出的贡献,于1924年7月手书"为国杀贼"牌匾奖给石牌。牌匾由福军(李福林的军队)转送,并送奖励金100元,以及美酒、烧猪。石牌乡人敲锣打鼓,燃放鞭炮,热烈欢迎。

该牌匾原挂在中立堂内。后来,石牌民团总部移至五房厅(丽庄家塾)办公,于是将牌匾移挂在五房厅一进间的横梁上。

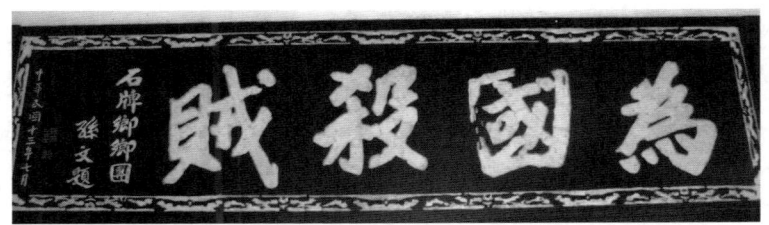

孙中山所题"为国杀贼"牌匾(根据原照片仿制,照片来自《孙中山题词遗墨汇编》[①])

---

① 刘望龄辑注:《孙中山题词遗墨汇编》,华中师范大学出版社2000年版,第102页。

此匾在"文化大革命"期间遗失。

1999年9月,石牌三骏企业集团公司(石牌村委会)根据有关历史资料和访问村中父老回忆记述的资料,用红木凹字将此牌匾仿制出来,并悬挂在石牌文化活动中心正门大厅之横梁上。2005年,根据专家的意见,在《孙中山题词遗墨汇编》中找到当年的照片,便重新制作,取代原来的匾额。

附:

国内要闻　大元帅奖励义民

去岁联军在东郊以外击败逆军,石牌、龙眼洞等乡人均知顺逆,对于联军乐为尽力。大元帅以该乡人等甚属可嘉,昨特制朱地金字匾额二方。一送石牌乡局,文曰:"为国杀贼。"一方送龙眼洞乡局,文曰:"保卫桑梓。"每局送花红金百元,并美酒金猪,交由福军军部,今日转送。闻该两局,已齐集老幼,预备鼓乐串炮,共表欢迎云。

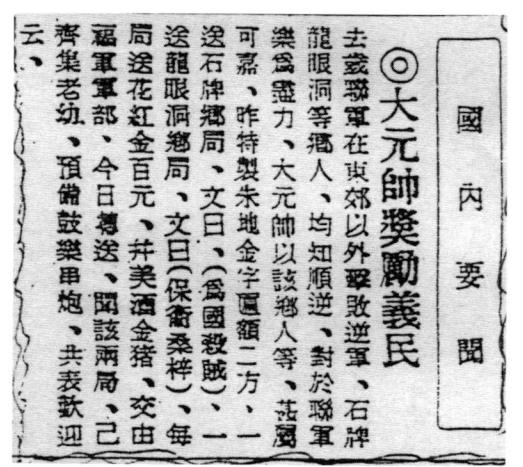

《广州民国日报》1924年8月6日有关"为国杀贼"和"保卫桑梓"匾额的报道

——《广州民国日报》1924年8月6日第三版

(二)龙眼洞农民参加平叛战斗

在平定陈炯明叛乱期间,龙眼洞村的农民组成运输队、担架队和向导队等,配合革命军的平叛战斗。1924年,孙中山为表彰

孙中山所题"保卫桑梓"牌匾（根据回忆仿制）

龙眼洞村农民在平定叛乱战斗中所做出的贡献，亲笔书写"保卫桑梓"牌匾赠给龙眼洞村，并委托当时的国民革命军第五军军长李福林转送。

送匾当天，军长李福林派一位副官率手枪队官兵，敲锣打鼓地送匾到村。棠下村小学生身穿童子军制服，吹号打鼓列队于村口，全体村民夹道欢迎。双方代表在村口的军乐声中举行简单而庄重的牌匾交接仪式。礼毕，由四位村民抬着牌匾先行，两支队伍轮流奏乐，环村巡游一周表示庆贺。这时全村群众扶老携幼，喜气洋洋地站在街头巷口争睹盛况，并燃放爆竹和热烈鼓掌，像过春节、闹元宵一样热闹。游行后，牌匾安挂于村中璞庵樊公祠内，以示荣耀，并在樊氏大宗祠内设宴款待送匾官兵。该牌匾在抗日战争时期丢失。1999年，龙眼洞村委会根据村民的回忆复制了牌匾。现牌匾悬挂在村中的文化中心大厅。

四、参加平定滇桂军阀叛乱的斗争

（一）珠村农民参加平叛战斗

1925年5月中下旬，当国民革命军东征离开广州，征伐陈炯明之际，驻粤滇军将领杨希闵、桂军将领刘震寰发动叛乱，控制广州珠江北岸，企图推翻广东革命政府。番禺县农民协会响应中共广东区委和广东革命政府的号召，于6月1日在广州召开区、乡农民协会联席会议，发表宣言，表示"誓以全力拥护革命政府，驱除一切反革命。……有危害现革命政府者，当合全县农民共讨之"。

6月中旬，郑千里、潘文治率领珠村、夏园等乡100多名农民自卫军随平叛的东征军在瘦狗岭与敌军激战。滇军前线指挥、师长赵成梁在瘦狗岭被炸死，敌军崩溃。10日，农民军随东征军开进广州城，当晚驻防广州，次日撤防回乡。15日，《广州民国日报》以《番禺农民自卫军歼敌殊功》

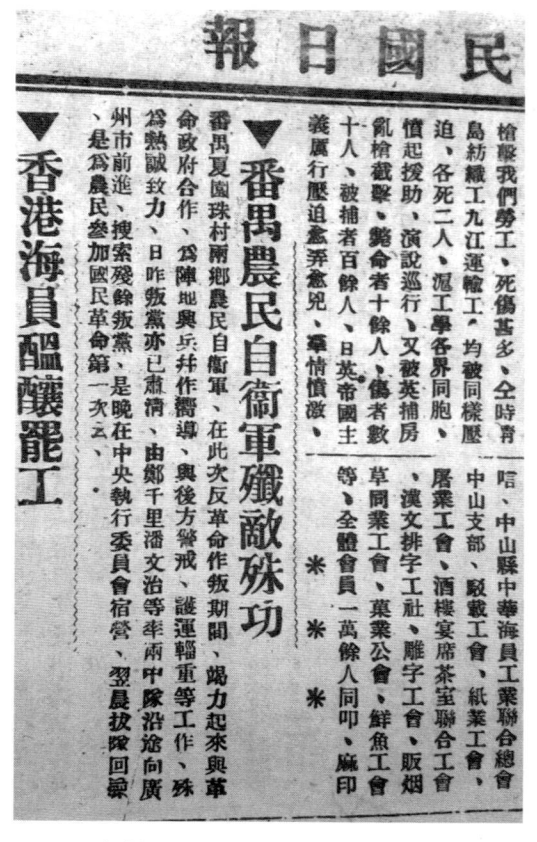

《广州民国日报》1925年6月15日报道《番禺农民自卫军歼敌殊功》

为题报道了珠村农民自卫军在郑千里、潘文治的率领下，"与革命政府合作，为阵地兴兵并作向导与后方警戒"。17日，广东省农会在国民党中央党部欢迎参加讨伐滇桂军阀的农民自卫军。省农会秘书黄学增（共产党员）对农协进行表彰，认为这是中国农民第一次参加革命战斗，指出这次平叛的胜利与农民的大力支持分不开，勉励各乡村农会和农民自卫军今后应扩大组织、坚固团体。

（二）棠下农民参加平叛战斗

1925年5月，广东革命政府命令在韶关的粤军回师平叛。6月

12日至13日，粤军东征军回师，沿广九铁路向广州进发。棠下乡绅父老在水月宫（观音庙）商讨派人支援，按所辖福善社、丰乐社、上社、东北社、东南社共5段，每段派25人，共125人，组成农民军，任务是做向导、运送弹药、煮粥送饭、担架运送伤病员和在庙里组织临时救护站等。军方初期计划给农民军发放枪支，后来因从黄埔军校发运的枪支弹药未及时运到，该村仅有的几支毛瑟单响步枪又留作村中治安联防之用，最后决定农民军只随部队做向导，并要求人手一个空火水（煤油）罐，到时在罐中放鞭炮，佯装声势。

在革命军进攻广九铁路时，忽然"枪声"大作，原来是村民在带来的火水铁罐内燃响鞭炮，粤军乘势发起冲锋。村民潘有顺第一个从阵地上跳起来，高喊："冇有怕（不要怕）！冲啊！"说完带头冲向敌阵。军民趁势跃起，奋勇冲杀，敌军慌忙败退，潘有顺被子弹打伤。

平定叛军后，国民革命军何彤旅长等几十人乘广九列车到车陂站，下车后队伍浩浩荡荡，迈着整齐的步伐，打着战鼓进村。棠下村村民列队夹道欢迎，并在观音庙内设宴招待。为表彰平叛相助，何彤旅长送去烧猪一只，并亲自题"佑我家邦"横衽一幅，悬挂在观音庙内。此横衽在"文化大革命"时丢失。

第二节 重要革命领导人的活动

一、毛泽东到黄埔军校燕塘分校做报告

1926年9月3日,中共中央委员毛泽东以第六届农民运动讲习所所长的身份,应邀到黄埔军校燕塘分校(今禺东西路15号解放军特种作战学院)为学生演讲。[①]毛泽东当年33岁。

据记载,毛泽东在当年8月至11月离开广州赴武汉参加中共中央汉口会议期间,一直忙于出席各种会议和著书,如8月17日参加省农会执行委员会扩大会议开幕典礼,发表演说;8月下旬至9月中旬,应邀为国民党省农会举办的调查员训练班讲课;9月1日为《农民问题丛刊》撰写序言和撰写《国民革命与农民运动》等。毛泽东此时几乎每会必讲农民、农运、土地问题。

黄埔军校燕塘分校原是军营。清光绪十二年(1886年),在越南抗击法军的清军将领刘永福,率黑旗军从越南入关抵达广州,驻扎于此。清宣统三年(1911年),广东新军协的司令部、步兵第一标、炮标第一营、炮标第二营、工程兵营、辎重兵营等部驻守该处。1924年,黄埔军校创立后,先在黄埔岛内设平岗分校、蝴蝶岗分校。自军校第四期起,因各省来军校报到的学生到广州的时间差别很大,故黄埔军校驻省办事处将部分陆续报到的

[①] 中共中央文献研究室编:《毛泽东年谱(1893—1949)》,中央文献出版社2002年版,第112页。

学生先送到燕塘军营集中训练,一般训练时间为数月,之后分别被派往各要地驻防或参加平叛作战,最后回总校学习。据黄埔军校第六期学员陈漫生回忆:"射击场环靶在瘦狗岭下,操场也在出营房右手边的广大平地上。从出营房的方向,向右前方远远地望去,那就是有名的白云山。"①据1925年8月考入黄埔军校第四期的文强回忆:"我当时很不理解,认为到

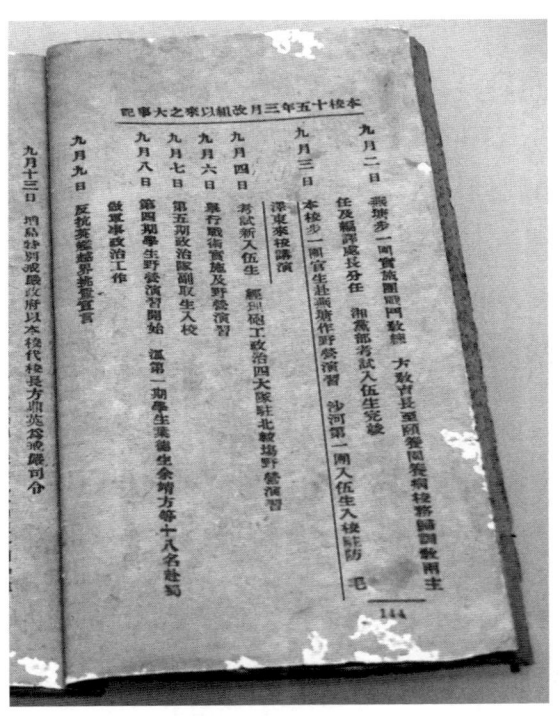

存放于黄埔军校展览馆的《黄埔军校大事记》记载了毛泽东到军校讲演的事迹

黄埔军校来的目的是学军事,为何又学起政治来了?……不料报到后,竟让我们到离本校将近20华里地的沙河营房学习。所谓营房,不过是一所用毛竹和蒲葵搭盖而成的简易棚。……其实,我们在沙河营房生活了四个多月,又迁到蝴蝶岗新建校舍。"②

二、李海筹投身革命

李海筹(1906—1946年),原名李延益,祖籍今天河区天河村。李延益出生在香港拿打素医院,家中还有一个小妹,小名苏

---

① 徐小林:《特种作战学院地理历史探源》,《特种作战学院学报》2015年第2期。

② 文强:《文强亲历录》,载于《羊城晚报》2004年8月14日。

妹，后来也加入了中国共产党。李海筹在香港圣乔治中学就读。1924年4月，李延益回乡扫墓，在东山大沙头广九火车站看到共产党的传单，便参加共产党召开的群众集会，结识了毛泽东、周恩来、李立三、谭平山等中共领导人。

  1925年，爆发省港大罢工，因李海筹是香港人，19岁的他被任命为罢工劳动童子团团长，邓金娣、罗大妹、冯广为副团长。从此，李海筹投身革命（李海筹革命事迹详见附录）。

第三节 广州起义在天河地区的经过

一、燕塘俘获敌炮兵团

1927年12月中共领导的广州起义,是中共历史上的三大起义(南昌起义、秋收起义、广州起义)之一。

1927年12月11日,广州起义爆发,战斗从攻打燕塘旧军营开始。起义指挥部的作战部署是首先占领燕塘军营。燕塘军营在今广州大道与禺东西路交界处,背靠白云山,东倚瘦狗岭,屯兵则可扼守广州东面的咽喉。当时燕塘军营驻有军阀张发奎和黄祺翔在广州的主力部队——炮兵一团和二团。凌晨3时,起义军总司令叶挺亲自指挥由教导团团长李云鹏率领的二营和炮兵连,从四标营(今越华路一带)誓师出发,直奔燕塘。

叶挺亲自指挥这一路军是因为:第一,这里的敌炮兵团是由第二次北伐时投降过来的奉军炮兵旅改编而成,拥有一批威力强大的山炮、野炮和重迫击炮。叶挺想把这些重型武器先夺过来,以便在战斗中用来摧毁敌人的据点。第二,沙河是往广州城东面的必经之地,先熟悉一下地形,以便在起义军出现不利情况时,从这里撤退。

在叶挺的指挥下,这支部队以迅雷不及掩耳之势直扑敌营。刚到敌营门口,就听见敌营正吹着晨操集合号声。叶挺赶紧向天鸣枪,指挥部队直扑敌人各个寝室。敌人正纷纷起床的时候,起义军高呼："缴枪不杀！"敌人还未清醒过来便当了俘虏。打入敌人炮兵二团内部的第三营书记吴华等共产党员立即行动起来，里应外合，成功地发动第三营全体官兵起义，随即配合教导团投入战斗，并活捉炮兵团团长李恒华，不到十分钟就结束了战斗。起义部队的炮兵连连长及五连一个战士阵亡。炮兵团的1 000多名俘虏在大操场集合，该团的下级军官有些原是武汉中央军校的学生，不少人主动要求参加起义队伍。他们从炮房拉出炮车，从马棚牵出牲口，套上炮车，共有山炮30余门、野战炮4门、重迫击炮数门，全是日本造。此外还缴获步枪1 500支、马枪300多支，以及大批弹药。这一仗的胜利，歼灭了敌人在广州的主力，使起义部队扼住东面进入广州的咽喉，为起义向纵深发展奠定了基础。

叶挺在燕塘附近巡视了一会，此时炮队已经整理好了。他命李云鹏将五连留下来，并向广汕公路方向警戒，缴获的火炮由炮兵连携带进城，听候调用。布置过后，叶挺乘车进城，前往设在维新路（今起义路）公安局的起义总指挥部，炮兵连随后跟进。沿途老百姓见到缴了这么多大炮，都夸赞部队了不起。这时，教导团第六连派人求援。原来六连攻打广九车站，因守敌保安队和一个中队的英国兵据守站房顽抗，久攻不下。叶挺命令炮兵连携一门山炮去攻打，只几炮就轰垮了敌人的工事，显示了重武器的巨大威力。

在广州起义前夕的会议上，曾有人提出如果失败如何撤退的问题，但遭到苏联顾问等人的训斥，认为起义必定成功，还未起义就想到失败，是动摇军心。虽然如此，叶挺还是想到了后路，因为他刚刚经历南昌起义的失败。所以夜袭燕塘胜利后，叶挺命令教导团二营第五连留下，负责警戒。起义军主力迅速回师广州，参加攻打广州公安局的战斗。起义军将在燕塘缴获的30多门山炮及野炮、迫击炮等用来装备自己，把教导团的炮兵连和起义的炮兵官兵扩充为炮兵师。此时，盘踞在观音山（越秀山）的敌人不愿投降，他们居高临下，倚势顽抗，教导团久攻不下。叶挺命令新编的炮兵师立即前去增援。炮兵师用缴获的大炮向观音山顽敌轰击。炮声震天，火焰冲天，黎明中无数条火龙直扑山顶。敌人惊惶四散，溃不成军。这时教导团吹响了冲锋号，乘胜占领观音山主峰。接着炮兵师又炮击其他两个山峰，敌人闻声丧胆。第二天中午，敌人向观音山起义军阵地反扑，结果又被一轮大炮轰退。燕塘大炮，为广州起义立下大功。

二、燕塘突围

1927年12月12日晚至13日晨，敌人重兵压境，起义军3 000余人分别从东、西两个方向突围。据后来《广州民国日报》报道及当地民间相传，西面起义军1 000余人突围，欲与芳村农民军会合，但至泮塘、南岸、澳口、源头一带被敌军追上，因前有珠江阻隔，后有追兵，遂纷纷解下红领带，分散突围。脖子上有红印或者是北方口音的都被捕，当时称打"红带友"。其中一起义人员满身血污，躲在澳口村一村民家中，村妇回家见状大惊，因不通北方话，误认为是盗贼，遂大声呼叫，起义人员被捕。而东面突围部队，因燕塘之敌已除，又有负责警戒的主力教导团第五连100余人接应，突围的1 000余人得以在燕塘军营重新集结，经沙河向太和及花县方面撤退，最后到达海陆丰，保存了部分革命骨干力量。其中，13日晨，黄埔军校特务营在营长王侃如（共产党员）的带领下，由黄埔鱼珠赶往沙河与起义部队会合，在瘦狗岭遭遇反动武装袭击，二连连长崔庸健（后任朝鲜民主主义共和国副主席、人民军副司令）率领的第二连150人（朝鲜籍）大部分阵亡。1954年广州起义烈士陵园建成。1964年广州市政府在园中建立中朝人民血谊亭。亭中立石碑,记载了上述之事。1964年10月1日,叶剑英在亭中立碑,上书"中朝两国人民的战斗友谊万古长青"。

下面附当时国民党的宣传文章。此文充满仇视广州起义的词句,然而从中我们还是可以看出广州起义中叶挺率领教导团解决燕塘敌军炮兵团的经过,及广州起义失败后,起义余部撤出广州,从沙河方向突围的一些事实。

附:

……乃于十日黄昏时,叶挺由东山俄领事署出,即赴北校场四标营教导团部。团中潜伏之共党分子,一团即拘留不附和共匪至忠实国民党员官长、学生百余名于禁闭室。……

十日晚下半夜三点余钟,共匪分途往各军警区缴械。是日,西江某军适因奉调回省驻军,已在燕塘安营,忽有北校场教导团带同农工贼到燕塘缴械。该部误为政府特调到省缴械改编,因下令不必抗拒,故无甚战斗,即被缴械。闻该部当时有炮兵一营,直属队约一营云。……

张黄逃往河南,即四出催调救兵。……

当夜,余等又率兵向残余的红匪追击,夜宿沙河一带。……

——中国国民党广东省执行委员会宣传部《张发奎勾结共匪焚杀广州纪实》,《广州民国日报》1929年12月11日

三、部分起义军在龙眼洞走失

广州起义失败后,1927年12月12日晚起义军撤出广州城。由于撤退仓促,并且营长李国暨脚上负伤,行走不快,他率领的一个营300多人在夜色中未能跟上大部队,离开沙河墟(今沙河

大街）后竟然走错了路。大部队走的是西北面的广花公路，经太和墟直奔花县，李国暨营却走了东北面的广增公路（即今广汕公路），因为在攻打沙河燕塘军营时提出过如果战斗不利，就往广汕公路方向撤退的计划。

这支走失的起义部队走到龙眼洞，在黑夜中遭到土匪的袭击，部队边打边撤，沿着一条小路（今通向天鹿湖的路）进入水口、天鹿湖、慕园一带山岭，最后被驻防在这里的国民党军队拦截。这时，营长李国暨不知所终（其实李国暨在20多名战士的护卫下向西突围，到了筲箕窝水库附近的渔沙坦村）。这事被当时驻守广州的国民党第五军军长李福林知道，他马上派出三个营的军队前去收编。一个月后，即1928年初，李福林担心有后患，将起义部队中的共产党员数十人查出，捆绑押解上船，送到虎门珠江口扔进大海。

据番禺党史网2014年《中共番禺临时县委的建立》一文记载："1928年1月22日，广州大批军警袭击禺东龙眼洞赤色分子住地，逮捕44名共产党人，将他们与另4名印刷工会赤色成员一同杀害。"或许，此事就是上述广州起义官兵走失龙眼洞之事。

此外，番禺党史网提到的"将他们与另4名印刷工会赤色成员一同杀害"，此事或许与下列史实有关：据1958年手写的《沙河公社社史》记载，1927年12月中共领导的广州起义之初，广州苏维埃政府出版《红旗日报》。"红旗日报"四字是由印刷厂关惠民设计雕刻，起义战绩等情况的报道文章由池荣煊（石牌村人）和姚兵林（林和村人）负责执字排版，邝荣负责印刷。印数25万份，在广州各街道散发张贴。据调查，起义失败后，上述4名印刷工人关惠民、池荣煊、姚兵林、邝荣避难回乡，并没有与广州起义军中的共产党人一起被杀害。

四、避难渔沙坦村

黑夜中,李国暨营长因脚上负伤,行走不快,不久便与大部队脱离。他带领20多人往旁边小路突围,天亮后,来到龙洞堡乡的渔沙坦村。在村外,他们遇到正要出门的农民练子云。当地均为客家人,而李国暨原是叶剑英的部下,叶剑英是客家人,李国暨也是客家人,战士也大都是客家人,一讲客家话,双方就亲切多了。当时部队疲惫不堪,李国暨脚伤已经不能再走,于是决定停下来休整。

李国暨部队的到来,引起当地豪绅和老更队(村中自卫队)的注意。老更队企图抢夺战士们手中的枪支,被战士开枪还击。于是村长与李国暨谈判,达成协议,部队同意把枪支弹药送给村中老更队,该村则提供粮食物资,帮助部队离开此地。协议达成后,部队被安排在村前福音堂门口的空地上休整;村子安排村民煮上几锅粥水,准备让部队吃后撤走。谁料粥还未烧开,山头上突然出现闻讯而来的土匪,队伍迅速分散离去。

李国暨因脚伤严重,不能随队伍撤出,练子云就把他秘密带到渔沙坦凤凰山南面山脚下当地称羊马栏的炭窑住下来。练子云懂得医治跌打刀伤,用草药为李国暨敷治,其三个儿子轮流护理、送饭。半个月后,他的伤口愈合,身体基本恢复,就走出炭窑帮练子云砍柴、挑炭等。又经过半个月的劳动,日晒雨淋,李国暨的身体肤色和说话口音与当地农民相差无几了,而追捕广州起义残余部队的风声也过去了。于是,练子云把李国暨装扮成挑卖木炭的农民,让他混在当地挑炭的农民队伍中,到达东圃墟码头,坐上去东江的船。出门前,李国暨把身上的手枪和十几元钱送给练子云(当时三元钱便可以养活一家几口一个月)。

另有一说,在渔沙坦避难的是李国暨以及两位战士(可能是警卫员），共三人。他们伤好后，练子云把家中的猪全部卖掉，买了三套农民的衣服、竹帽、扁担、粪箕，天还没亮，四人就各自挑上50斤柴炭，步行到沙河墟柴炭店铺卖掉，然后在沙河墟一间店铺吃饭。饭后，练子云带他们到广州西濠口珠江码头，买了三张大仓船票到香港。分别时，李国暨把身上的十几元钱送给练子云作为报答。

  1952年前后，练子云收到武汉市府后街八号李国暨的来信。练子云识字不多，将来信交给好友李统，请他读信和写回信。李国暨在来信中先是感谢练子云的搭救，然后说他在武汉市政府工作，因为要政审，希望练子云证实他在渔沙坦那段时期的历史。随后，练子云复信做证。之后，李国暨给练子云写了三次信，以表达谢意和问候。

第四节 天河地区党组织开始活动

一、中共番禺县委对天河地区情况的分析

（一）基本情况分析

据相关档案，在《中共番禺临时县委四月份的总报告》（1928年5月）中，中共番禺临时县委对天河地区情况的基本分析如下：

1. 党组织的情况。

番禺临时县委批评天河地区所在的第四区，说："四区委完全不注意发展同志，至今亦仅得24人。""形成暴动局面，仍是感觉困难。"档案资料说明当时的中共番禺县委在广州起义（档案说是暴动）后半年仍想继续发动暴动。但当时所建立的双井、横沙、火村3个支部，全是今黄埔区的地方，不是天河区的地方，即天河地区尚未有中共组织。

2. 农民的情况。

番禺临时县委认为："前有农会组织的乡村的工农群众，以为农会即CP（即中共）；CP执政，即我们的痛苦自然解除。无农会的乡村的群众，则多数以为未'清党'以前，地方治安很平静，'清党'以后，土匪掠劫及军队围捕，差不多一个月内发生数次，以至乡民拖男带女走的五零星散，正所谓食不安，眠不乐，所以他们对于CP很表示信仰，故对于我们的工作同志多乐于招待。……但自去年十一月广暴（即1927年12月中共领导的广州

起义）失败后,白色恐怖在各地更加厉害,农民们多发生恐慌,故对会务较为冷淡。"

"各小乡被大村的豪绅压迫,我们煽动他们恢复区乡会,他们又观望大村行动,大村农民又畏豪绅势力,不敢恢复,现仍没有办法。农民多因为田舍庐墓所在,虽豪绅、军队压迫,都不敢公开恢复农会。最近区委决议,加紧吸收贫苦农民,及各墟市工人等。尤特别注意广九、萝岗两铁路的产业工人,务要尽量发展到许多乡都有支部,并极力发展秘密工会、农会,同时将省委的宣传品翻印,分发各处的工农群众,以扩大宣传。"

"该地农民生活表面上可以维持下去,但实际上差不多每个农民每一年要纳利百数十元之多,同时交租需将全收入的十分之六七拿出,每造禾收成每担谷要缴交五斤佣银,生果每百斤纳佣五斤,差不多一年的辛苦,都入不敷出,农民债务年年增加。但农民仍很稳定,领导他们作小小经济斗争时,他们说:'离城太近,恐军队来清乡拉人。'"

3. 敌我势力情况。

番禺县委认为:"我们有组织的主要乡村,一区是榄核,二区是官坑,四区是双井（位于今黄埔区）。有敌人主要势力的乡村,一区是沙湾、市桥,二区是大石,四区是龙眼洞、南岗。""全县土匪五千人,平常我们能影响者很少。如广州已暴动或各区农民已暴动起来时,他们也可有七八百人来参加,但其目的是升官发财,靠不住的。反对我们的约有三四百人。"

"第四区分为三个分区:第一分区完全是潘文治包办,对我们不信任和不接受县农会指挥;第二分区是经我们组织的,所以对于我们共产党很信仰和很信任,接受县农会指挥;第三分区十分之三受了潘文治指挥,十分之七受我们指挥。"

"结论:第四区的农民多数是很平稳的,不敢马上起来暴动,即可做骚动工作。有必要加紧发展党的组织和发展秘密工会、农会、赤卫队、工农军的组织,将来才有希望暴动起来。以上就是第四区的概况了。"

(二)行动计划

据相关档案,在《中共番禺临时县委四月份的总报告》(1928年5月)中,中共番禺临时县委对天河地区的行动计划如下:

> 今后的计划:(甲)决定两星期内发展到一百七十个同志,由县委通告各区委督促各支部切实执行。(乙)决定由县委书记召集各区委书记、支部书记开书记联席会议。县委组织召集各区委组织、支部组织开组织联席会议。县委召集各区委宣传、各支部宣传开宣传会议。书记会议、组织会议、宣传会议,由庸之、泽南、镜湖担任并召集之。训练时用广暴意义、苏维埃政权、土地问题,什么是共产主义做训练材料。(丙)组织秘密农会,决定原有农会组织能够公开开会的,由现在工作同志前往督促开会,恢复农会;不能公开恢复农会的乡村,要他能够组织秘密农会;在旧时没有组织农会的地方,要使他能够组织农会或组织护耕团。(丁)赤卫队问题,在一区已有护耕常备队组织,我们要赶快组织护耕后备队,二区、四区应积极组织赤卫队,决定四区在两星期内组织五小队护耕后备队。
>
> 总的结论:过去番禺党部未有全县的总机关,所以是区自为政的,不能互相知道各区的情形,且毫无联络。现在就不同了,县委已成立,全县已一致而有全县整个计划的决定了。过去的错误是只做农会运动或农民领袖运动,全未有做农民群众运动,尤其是完全没有做工人运动,很少做发动群众斗争的工作。党员成分,工人占极少数,失了无产阶级工

人领导的意义，所以今后要特别注意发展秘密工会组织，多吸收勇敢忠实的工人入党。同时又因经济困难，不能多派同志到各墟市去做工人运动，如以前有许多个活动同志，如陈殿钊、黎仰之、苏卓生、冯君素、叶耀权等，都因为经济困难，在五乡食饭太多，则五乡的领袖讨厌，往各处工作又无川资食用费，所以有些回乡去了，有些教学去了，有些腐化变质了。现在各区委的预算（一区二十九元五，二区二十四元，四区四十六元）都是最低限度的，还有县委每月买纸、笔、簿、墨等各种什费至少四元，召集县委会、常委会、书记联席会、组织联席会、宣传联席会等食用及买各种用品等费至少五元，往省委川资至少二元五，以上三项共十一元五，连一、二、四区经费总共每月至少一百一十一元。请你们下发，以便分发各区委、分配给各同志去各区工作。否则，工作前途必发生许多阻碍。

二、党组织在天河地区的活动

（一）争取潘文治

1927年，珠村的国民党海军中将潘文治退役回乡，后兴办圃育小学，任学校董事长。潘文治的大女儿潘沛宜在圃育小学读书。车陂乡乡长郝英彦的女儿郝丽坚是地下党员。党组织以商量办校为由，接近潘文治，甚至到潘文治家中，宣传革命道理，赠送《论共产主义》《共产党宣言》等革命理论书籍。

后来，党组织进一步要求潘文治接受中共的领导和指挥，潘文治表面虽然没有答应，但实际上容许共产党开展活动。圃育小学的共产党员在潘文治的默许下，开展革命活动。有一次，国民党兵以赌博为由捉拿圃育小学几个共产党员教师时，潘文治前去缴交罚款，出面担保，并请特务队朱队长到店铺吃面，被捕的几个共产党员教师才获释。

(二)革命进入低潮

1928年4月,天河地区所在的中共番禺临时工委和中共番禺县第四区(禺东区)委成立。5月初,中共番禺县第一、二、四区委以联席会议形式,在广东省委巡视员周松腾的参与下,成立中共番禺县委,韦庸之为书记。随即,中共番禺县委对天河地区的活动做出行动计划,要求组织赤卫队、护耕队。但是,1927年12月广州起义失败后,革命处于低潮,敌人疯狂搜捕共产党员,中共广州市委机关迭遭破坏。1928年1月至9月,先后担任中共广州市委书记的麦裕成、季步高、吴毅、李耀先与其他市委委员,相继被捕、牺牲。1928年12月至1929年1月,先后任中共广州市委书记的姚常和黎伟雄均被捕、叛变。姚常叛变后,向敌人供出党组织名单,并带领敌人到市郊、番禺等地围捕中共党员,中共广州市东郊区委书记韦庸之亦被捕、牺牲。1929年6月,凌希天被上级指派为中共广州市委负责人,亦于10月被捕、牺牲。在反革命势力暂处优势的形势下,为保存革命力量,中共广州市东郊区委大部分党员外出隐蔽,有小部分党员消极、变节,党组织活动基本处于停滞状态。

第五节 国立中山大学学生的革命活动

一、国立中山大学迁址石牌

国立中山大学（简称"中大"）原名"国立广东大学"，创办于1924年，校址原位于广州市区（今文明路）。1925年8月，学校在石牌（今五山）征地兴建农场。因为校园位于市中心，喧闹的环境不利于学生潜心求学，而且四周民居较多，难以扩展。于是，孙中山指示在石牌原刘永福（清末）军营的基础上兴建新校舍，当时这里是一大片山冈田野，扩展空间很大。在今华南理工大学行政办公大楼主楼左边台阶下，还镶嵌一块石碑。石碑宽1.4米，高2.8米，上面刻着《国立中山大学新校舍记》，主要记述建校舍的情况。

碑记第一段的大意是：1924年春，国民党总理孙中山命邹鲁（国民党元老）创办国立广东大学，当年秋大学成立。但是孙中山考虑到校舍处于广州市区，不适宜学生埋头学习，难以发展，于是再次令邹鲁选择石牌作为新校址。

1925年3月，孙中山逝世。为了纪念孙中山，由廖仲恺提议，经国民政府批准，1926年，国立广东大学改名为国立中山大学。根据孙中山生前遗愿，于1931—1937年在石牌陆续建起国立中山大学新校园建筑群。

1952年全国高校院系调整，中山大学迁往海珠区，原址由华南工学院（今华南理工大学）、华南农学院（今华南农业大学）

等单位使用至今。国立中山大学在石牌历时18年，主要建筑有校门牌坊、体育馆、工学院教室、法学院教室、机械电气工程教室、化学教室、化学工程教室、农林化学馆、农学馆、生物地质地理教室、物理数学天文教室等建筑。有南门（正门）、西门两

20世纪30年代的国立中山大学。图中左侧细长的道路上有西校门牌坊（今粤垦路），牌坊前面是水田；右上方是长湴村

20世纪30年代的国立中山大学南门牌坊

第二章　大革命时期和土地革命战争时期

位于五山路的国立中山大学牌坊（2020年摄）

座牌坊。国立中山大学石牌校园建筑群规模宏大、造型古典，2002年7月被广州市人民政府公布为文物保护单位。

当时，中大校园的主体在石牌村范围内，但靠近北面的校区却在长㴭村范围内。1932年起，中大陆续征用长㴭村土地。征地后，有的地方建起围墙，有的地方只种植竹林。因此，中大与长㴭村只是隔着一道墙，或一片竹林。因地理上和征地上的关系，中大师生常到长㴭村活动，其中有中共党员，由此而产生长㴭村革命斗争史。

1932年秋，国立中山大学农场主任张农教授（右）与长㴭乡乡长梁炳田（左）就中大征用长㴭村土地签订协议。教授头戴时兴的通帽，身穿白色衣裤，脚穿皮鞋。而当地乡长身穿黑色衣服，脚穿草鞋，拄着竹杖，手拿协议，笑容满脸

055

二、国立中山大学开办农民夜校

（一）当时社会倡导到农村办学

1934年秋，国立中山大学从广州市区迁到石牌，至1952年才迁往海珠区。

1932年2月，国民政府教育部颁布《民众教育馆暂行规程》，规定："县立民众教育馆先在县城或县属繁盛市镇设立，逐渐推至乡村，隶属县教育局。"1935年2月，又颁布《修正民众教育馆暂行规程》，规定教育馆的机构设置。广东的民众教育馆1932年为30所，1934年增至56所，1935年为96所，1936年为102所，1937年为105所。当时，全国盛行民众教育。著名教育家陶行知舍弃在东南大学月薪360块大洋的教授职位（一般人一个月的伙食费3块大洋就足够），去办晓庄师范，开展平民教育。陶行知的学生，后在中大任师范学院教育系主任的王越积极参与广东民众教育馆的活动，倡导到农村去，以开办夜校的形式，开辟社会教育实验区。当时，天河地区还有广东省省长陈济棠在棠下乡举办的集思园小学、广东省政府主席李汉魂在龙眼洞乡举办的至德小学。

1936年起，中大充分发挥其文化中心的作用，倡导进步师生在周边乡村开展民众教育，形式是举办农民夜校，亦称社会教育实验区、乡村扫盲实验区。中大校长邹鲁多次到龙眼洞等乡村视察指导。夜校的课本、作业本及文具由教育实验区免费发放，学生不用交学费。中大师生还在墟日农民趁墟时，在墟场举办农业展览会、巡回图书馆、代写书信等文化活动，很受农民欢迎。

根据当年中大教育专业学生黄焕秋（1949年任中大校长、党委书记）的回忆："我记得似在这时，中共有过一个'到农村去'的号召。1936年5月间，邹鲁在进步师生的推动下，提出在石牌校区附近的十个乡村开办乡村服务实验区。这十个乡村是：岑村、长湴、上元岗、下元岗、东圃、石牌、冼村、猎德、杨箕、寺贝底（今寺右村）。当时这些都属广州郊区农村，现在有的已成为市区。中大乡村服务实验区主要进行三方面的工作，即进行社会调查、开展文化教育和抗日宣传、进行农业科普工作，三个方面都有显著的效果。社会调查对青年学生和农民两方面都有很深刻的教育意义，教育宣传及科普工作也反映良好。我工作过的长湴村，有青年班、妇女班、扫盲班、失学儿童班，还试教过新文字。"①

中大学生在周边乡村开办的农民夜校校址均选择原小学校址，与小学合办。他们在办学过程中，积极宣传中共的理论和主张。当时，大部分农民都没上过学，能上学的少数农民基本只读到三年级。所以，当时有初小和高小之分，即1—4年级的初级小学和5—6年级的高级小学，能读上高小的已经是凤毛麟角。如棠下乡（含今棠下、棠东两村）算是天河地区的大村，有2 800多人，但能读完高小的不到10人，上初中的仅三四人，没有人能上高中。因此，农民对有知识、有文化的老师很尊敬，对老师的话都很相信。天河地区中共活动和组织的发展，主要是中大的地下党员兼夜校老师在其中起了作用，而夜校也成了中共活动基地。在中大举办的各村夜校中，教师基本是中共党员和进步学生。

（二）开办龙眼洞乡村教育实验区

1936年，龙眼洞至德小学成为番禺县政府和中大合办的村教育实验区。办学期间，中山大学校长邹鲁亲临学校视察指导。

教育实验区的教学方式是在学生中推行"即知即授"的小先

---

① 黄焕秋：《我的学生时代——黄焕秋口述回忆录》，《广州党史》2015年第1期。

生制，做法是高年级学生除上课外，还要去辅导低年级生和校外文化程度低的男女农民，在家中就是文盲父母的小教师。乡村教育实验区办了约3年时间，由中大派来实验区当校长和教导主任的都是硕士生，所以领导能力和文化素质都很高。进步学生在教授文化知识的同时，还宣传共产党的抗日救国思想，启发农民的政治觉悟。

（三）开办石牌村农民夜校

因为中大位于石牌村境内，故在石牌村的活动比较活跃。1936年，中大进步学生来到石牌村，与保甲长联系，提出举办夜校，要求由村出钱买灯油。随后，中大学生深入到户，与农民谈心，鼓励农民读书，打通思想。于是民众夜校就这样办起来了。夜校每星期上课一两次，最多时三次，均是利用晚上休息时间；课本由中大学生编印成册，内容都是关于农作物栽培和写信等常识。

中大学生在夜校教学过程中，宣传共产党好，让人人都有饭吃、有田耕、有工做；宣传抗日爱国的道理，编一些诗歌，号召大家团结一致，奋勇抗日，并提出东三省已给日寇侵占，如果不抵抗，则整个中国的土地将会失掉等。

中大学生还在石牌小学内开联欢会。会前印发一首诗歌给学员，大意是各村之间应该团结一致。因为过去各村之间都不大和睦。开联欢会的那天，周围乡村的农民都来石牌参加。会上演出打倒日本帝国主义和地主手拿算盘向农民收租等内容的话剧和歌曲。通过活动，许多村与村之间的关系变好，联系往来也多了。

1937年6月至8月，中大学生利用暑假期间到石牌宣传，编了积极抗日的歌曲教大家唱。如有歌曲唱道："不怕飞机，不怕毒气，死了一个，还有十个。"中大农学院学生教石牌夜校学员排练抗日话剧《米贵》，并在乡村演出。此外，他们还将日军在东三省的各种罪行，如杀人放火、奸淫妇女的照片给学员看，激发学员抗日救国的义愤。

中大师生在石牌办夜校期间，还为石牌解决了一些实际问题，如上游的中大水塘不放水，而下游的石牌农民又需要水来灌溉禾田。他们就回校交涉，使校方放水给农民用，乡亲们都非常感激。他们还编写《乡村生活》，内容有各村民众夜校的成绩、各村的风土人情、人们的生活状况以及办学的经验。

（四）开办长湴村农民夜校

长湴村位于中大东北侧，紧挨学校围墙和竹林。1936年2月，中大进步学生到长湴村举办乡村教育实验区。夜校设在梁氏宗祠陶然小学内，有学生120多人，由中大派学生执教，每晚3~7位教员不等。夜校实行义务教学，免费发放课本、作业本

连环画：中大进步学生、长湴村夜校教师宣传革命思想（长湴小学1994年绘）

和铅笔等文具，科目有语文、算术，以识字、计数为主，在讲课时和课后讲述抗日救国的道理。最早执教的是毕业班的陈钊、谭朗超等。在长湴夜校讲课的中大进步学生有：黄焕秋、林砺予、梁尚立（民主建国会会员，1949年后任广州市副市长）、莫福生（1938年任中山大学学生党支部书记，1949年后任肇庆专署经济委员会主任）、廖行（曾任东江纵队营级干部，1949年后任解放军南京政治学校副校长）、陈钊、陈恩、莫田、谭朗超、杨步尧

（曾任东江纵队第四支队第二大队政委，1949年后在广东政法干部学院工作直至离休）、余福音（女）、李菊容、谭学然、李光成、温而新（1949年后任广州市经济研究院副院长）、李柏潮、刘炳钧、李家珍、杨瑾英（女，1949年后任仲恺农校校长）、李尚林、肖双等20多人。因为当时长湴村周围是荒山野岭，学员们经常打着油灯送老师们回中大校舍。在中大学生宿舍，夜校老师们与学员谈话，讲革命道理，经常至深夜一两点钟。

第三章
抗日战争时期

第一节 国立中山大学在长湴村的革命活动

一、发动夜校学员营救爱国学生

1937年7月7日,卢沟桥事件爆发,中国进入全面抗战时期。

1938年4月,上海复旦大学学生沈毅到中大开展活动。当沈毅返回广州市区时,在广州德政北路被国民党宪兵司令部逮捕。中大学生联合多所大学的学生一起到宪兵司令部抗议,要求放人。长湴夜校学员梁容举、梁万益、梁帝添、梁基、梁八妹(女)、梁明、梁民崧等人参加了这次活动。经过抗争,3天后国民党宪兵司令部被迫释放沈毅,但沈毅必须在24小时内离开广州。沈毅返回中大,召开斗争胜利大会。长湴村夜校学员积极参加胜利大会,受到极大的教育和鼓舞。

二、组建长湴农民抗日先锋队

1938年6月,长湴夜校30余名学员按照教师的意见,组成广东青年抗日先锋队(简称"抗先队")。队长由中大学生陈恩(时任中共广州市委青年部副部长)担任,副队长由村民学员梁万益、梁帝添担任,队员有学员农民梁明、招新、梁容基、梁容柱、梁八妹、梁帝真、梁大发、梁金礼、梁友(女)、梁翠英(女)、梁举、梁苏仔、梁民崧、梁跃彬、姚宽等30多人。在成立大会上,举行宣誓仪式和授旗仪式。誓词的内容是:不投降敌人，不向敌人妥协，为保卫祖国、保卫民族而坚决斗争。大会上，群情激昂，抗日爱国气氛非常热烈。抗日先锋队成立后，积极开展抗日宣传活动，长滘村内街巷贴满抗日标语，老少高唱革命歌曲，中大学生经常在树荫下向农民做抗日演讲，夜校成了排练场，如排演话剧、唱抗日救亡歌曲。演出队还到附近乡村，如新滘土华（今属海珠区）、林和、冼村等地进行宣传演出。

连环画：长滘村抗日先锋队在夜校成立（长滘小学1994年绘）

不久，土华村也成立青年抗日先锋队，于是长滘村被编为第一大队，土华村为第二大队。1938年6月16日晚上，中大抗先队70余人吃过晚饭，便来到长滘村，与村抗先队一起组成联队，在村的黑泥岗、石路头岗、大井口岗进行野营，练习围捕特务汉奸，开展游击演习训练。

1938年6月，国民党查封新华日报广州分馆，中大等多所学校掀起了反查封斗争。中共代表廖承志在广州哥伦布餐厅举行记者招待会，反对国民党当局的无理决定。长滘村青年抗日先锋队全体队员参加会议，梁容举等高举广东青年抗日先锋队的大旗步入会场，队员高呼口号："团结起来，保卫祖国！团结就是力量！"全场响起热烈的掌声。长滘村青年抗日先锋队聆听廖承志演讲，掌声不断，群情激奋。梁万益代表抗日先锋队讲话，表示坚决反对查封新华日报广州分馆，并要求国民党当局释放被扣

连环画：1938年秋，长湴村抗日先锋队高举队旗，参加集会，反对查封新华日报（长湴小学1994年绘）

押的学生代表，还高声疾呼："四万万同胞团结起来，反对内战，一致抗日！"会后，长湴村青年抗日先锋队还高举队旗，参加示威游行，沿途高唱《团结就是胜利》。由于梁万益的出色表现，中大党组织研究决定，发展其为党员，介绍人是夜校老师、中大学生、党员廖行。梁万益成为天河地区农村第一个本地共产党员。

6月23日，中大战时工作队与长湴村抗日先锋队在祠堂召开"武装保卫大广东"宣传大会。会上由领导报告武装保卫大广东的意义和办法，然后有演讲和歌舞，观看的村民有二三百人。

8月起，日本飞机空袭广州日益频繁，中大上课很不正常，莫福生等师生便到长湴村住下来。当时中大留校的党支委都到长湴村工作，坚持为夜校学员上课，宣传抗日。

10月，日军入侵广州。长湴村抗日先锋队在附近的山头伏击入侵的日军先头部队。战斗从当天下午4时多进行到晚上8时多，日军伤亡多人，抗先队直至大队日军逼近才撤回村里隐蔽。广州沦陷后，日军占领中山大学，作为军部。抗先队总部随广州地方政府撤往韶关，不久被国民党当局解散。在长湴的中大进步学生基本上都到增城参加中共领导的东江纵队。

三、创建长湴抗日战争根据地

（一）巧妙打击日军

1938年12月的一天中午，七八个村民突然袭击驻梁氏大宗祠的日本兵。当时日本兵正在吃饭，没有准备，村民冲进去，当场打死一个日本兵，并抢夺一批武器和物资。为掩护这些村民安全撤退，夜校学员带领其他村民敲起锣来，假意出动大批村民追赶，又将日本伤兵和死尸送回他们的军部。一回到军部，那些伤兵就对他们的长官哭诉："这次全靠长湴村的村民帮助，否则我们就会全部被消灭了。"日军长官听后，大赞长湴村民对他们日军忠心，并奖给长湴村三支步枪、一箱子弹以示感谢。

（二）建立联络站，机智勇敢地完成任务

1939年，由原中大学生、夜校教师莫福生到长湴村恢复联络站，地点在颐养院（在今华南师范大学内），长湴村人梁帝添、梁大发、梁金礼协助。

1941年，日军占领广州期间，在增城的东江纵队第四支队委派曾在长湴夜校任教的中大学生莫福生回到长湴，找到原农民学员梁明和招新，指示他们在长湴建立情报联络站，委任梁明为站长，招新为副站长。联络站设在长湴乡南街五巷六号党员梁容毕家中。其后，联络站主要开展以下工作：

1. 掩护革命同志。由于长湴村有众多的地下党员和东江纵队第四支队的同志经常出入，日军通过汉奸了解情况后派兵到村里"围剿"。1942年的一天，中共地下交通员许沸庭、王安在匆忙中躲入联络站党员梁容毕家中。眼看敌人就要过来搜查了，梁容毕的姐姐梁容焕急中生智，将大堆牛粪搬来堆放在屋前。日军来到屋前，见粪水横流，又脏又臭，于是看了一眼，也不进屋，就赶去搜查别的地方了。这样，两位中共地下交通员躲过了日军

连环画：1944年，日军包围长湴村，围捕抗日战士（长湴小学1994年绘）

的搜查和追杀。又有一次，东江纵队第四支队的邓子明等四人来到长湴村，住在村民党员杨基家中，准备晚上到天河机场侦察。谁知日军突然包围了长湴村。当时，侦察队主张突围，但又怕连累乡亲，暴露联络站。后来在杨基的带领下，四名队员隐蔽在臭气熏天、破烂不堪的低矮牛舍里。杨基在牛舍外面再铺上牛粪，掩盖脚印。四人终于躲过了日军的搜查，安全归队。

2．照顾政委杨德元等同志。1943年春，东江纵队第四支队政委杨德元因腿生疮到长湴村养病，并以教书为掩护，住在用作学校的梁氏宗祠的西偏间。为方便照顾杨德元的生活，招新出任夜校校长兼总务。这期间，招新等原夜校学员轮流为杨德元擦洗敷药。一段时间后，杨德元的病情未见好转，招新等人便轮流背他进广州城著名的梁国泰草药店诊治，医生说他是风痰鹤膝痛症，要留下医治。于是招新等人捐谷共30担，为其治病。杨德元的病情好转后，又将其背回长湴。所有费用，均由长湴村学员担负，没有向东江纵队第四支队要。1944年夏秋期间，杨德元康复，调回增城。之后，王其昌等地下党员相继来长湴小学以教书为掩护开展工作，均得到长湴村学员的亲切照顾。

3．张贴抗日传单。1943年是抗日战争相持阶段最为艰苦的时候，为了鼓舞革命斗志，显示游击队的威力，扩大革命影响，原长滘农民夜校青年学员招新、梁基两人奉命到沙河墟张贴抗日标语。

这天，招新、梁基拿着上级制作好的抗日传单来到沙河墟，正考虑贴到哪里较好，忽然看见沙河警察分局门前只有一个门卫看守。

连环画：长滘村革命青年到沙河墟贴抗日标语（长滘小学1994年绘）

他们商量后，大胆地决定将传单贴在敌人的门口，杀杀敌人的威风。招新假装向门卫借火抽烟，用身体挡住他的视线，梁基则迅速把传单贴到警察分局大门口的四方柱上。借完火，传单也贴好了。招新、梁基两人迅速撤离，当撤退到一千米外的瘦狗岭斜坡处时，才听到沙河大街警察哨声大作，敌人这时才发现传单，胜利的喜悦引得招新、梁基哈哈大笑。

4．传递秘密文件。1943年，党组织派王日新到长滘以小学教师身份掩护工作。一天，王日新派招新到驻增城的东江纵队找杨德元，从杨德元那里取得文件，再送给番禺县官山墟店老板曾谷（广东解放后曾任中共番禺县委书记）。

招新从长滘出发，先到棠下新墟乘船过珠江，途经琶洲、黄埔村、北山村、仑头、官洲，最后到达官山墟。因为招新对此地不熟悉，见人就问。正好遇上一个武术师傅，他问招新来做什么。招新回答事先交代的暗号："我来这里买些片糖（红糖）回家，准备过年打炒米饼。"武术师傅带领招新来到一间商铺，招新又对店主讲出暗号，店主立即斟茶倒水，热情接待。原来这间店铺以做生意为名，实际是中共的情报联络点，店主为曾谷的夫人。招新见到曾谷，传递了文件，完成了党组织交给的任务。

1943年，在长湴村东北的凌塘村，以教书为掩护的地下党员徐幽明（化名刘君政）需要将情报送给在长湴村养伤的东江纵队第四支队政委杨德元，于是派村中年仅9岁的少年梁明新担任情报传递员，先由梁池以认亲戚为名，将梁明新带到长湴村联络点并认识联络员。11月某天下午5时左右，梁明新放学后，首次执行送情报任务。徐幽明写好一份纸条情报，卷成小筒交给小明新，教他插入破烂的小竹帽中，再用竹叶垫上戴在头上。小明新背上捉鱼虾的竹篓，穿上遮雨蓑衣，装扮成一个去捉鱼拾田螺的顽皮穷孩子，就上路了。路过岑村时，见有三四十个村民聚集在一起，他上前问何事，答是日本人要在村旁修筑飞机场。他不敢久留，赶到长湴村联络点，见门虚掩，进去后将情报交给已认识的联络员梁明。当晚，他返回凌塘村小学向徐幽明汇报，并说了在岑村听到修机场的消息。徐幽明稍想一会，当场在黑板上写了一首诗："农忙在即又抛秧，几多工夫落田场。枉筑机场何日了，可惜人间遭劫殃。"在场的老师梁灼拍手称赞"好诗"。此后至抗战结束，梁明新单独向长湴村联络点递送情报有三四次。

（三）劫夺伪军、汉奸的运粮车

1943年，伪军侦缉队队长钟孟常、汉奸朱元琪经常带领日军到长湴村搜查，并捉拿无辜村民招钧、招中仔、梁柏荣等人，勒索钱财。以夜校学员为主的热血青年组织起来，劫夺伪军侦缉队队长钟孟常、汉奸朱元琪的运粮车。虽然未能成功，但也表现出长湴村的反抗斗争精神，震慑了敌人，伪军钟孟常、汉奸朱元琪再也不敢来长湴横行霸道了。

（四）发动农民参加东江纵队

1944年初，原中大学生、夜校教师莫福生和王其昌带领长湴村原夜校学员梁明、招新从东莞抗日模范团学习归来，向村民介绍抗日战争形势和共产党抗日武装的发展，宣传抗日，不做汉奸奴隶，拿起枪杆，跟着老师（指长湴夜校的中大学生）上罗浮山。梁明、梁安、梁传坤、梁帝真、梁大洪、梁容柱、梁池、陈炳等人响应号召，参加东江纵队，并在博罗的罗浮山游击区受训，为期半年，学习政治和军事。当时，东江纵队分为9个支队，长湴村为第四支队，支队队长为阮海天，政委为黄业。后来队长先后由谢鹤寿（1959年后曾任广西壮族自治区副主席、国务院民族事务委员会副主任）、杨德元担任。7月，东江纵队派梁明等人返回长湴村开展抗日救国斗争。

据档案《1945年中共番禺县委报告》，"当时因为组织指示停止吸收党员（'粤北事件'后），用抗盟组织形式组织进步农民青年。直到日寇投降时止，东郊有十几条乡村均建立了抗盟组织，成员有40多人。曾在这个地区动员一些青年（10多人，都是盟员）去东纵①参加训练与参加东纵武装部队。"

（五）成立中共长湴支部

1944年8月，由原夜校教师、中大学生党员谢鹤寿和李光信介绍，夜校学员、抗先队队员梁明、招新加入中国共产党。他们在当年的夜校（梁氏祠堂）厨房进行入党宣誓。这时，长湴村连同梁万益，已有3名党员。

连环画：1944年8月，长湴村革命青年梁明、招新宣誓入党（长湴小学1994年绘）

---

① 东纵，即东江纵队。

上级指派在长湴村任教师的党员王日新任支部书记，建立天河地区第一个中共支部——长湴党支部。长湴党支部是中华人民共和国建立以前天河地区第一个也是唯一的农村党支部。由于当时情况比较复杂，形势多变，这个支部由中大学生支部、中共番禺县委、增城县委、东江纵队多方领导。1945年，又发展梁容毕、招振强入党，长湴村党支部发展到5人。

（六）建立红色政权

1944年，地方恶霸谢大傻、梁焰（绰号"盲鬼焰"）、梁福基等人欺压百姓。他们成立新的老更队（即保安队），在长湴村设关卡收保护费。村民趁墟出售猪、牛，每头要交10千克以上稻谷作为保护费。在村中耕田，每亩要增加3.5千克老更谷。原本村中惯例，村中失窃，如果老更队抓不到贼就要全部赔偿。但村中一个月内连续丢失5头牛，他们却一点都不赔偿。这年秋收，他们在祠堂设点收谷，不由分说就抬走村民的500千克谷，放在太公厅中，同时日夜开宴，大吃大喝。他们要招牛仔、黄耀棠交保护费，当天就要交，并且将小孩梁华洋抓走做人质。这事引起民愤，梁基、梁大洪、梁耀棠、招牛仔首先站出来，警告他们："你们这样做下去，绝无好下场！"

长湴村的恶霸引起村民的强烈不满。地下党员谢鹤寿便到长湴村召开党支部会议，认为组织青年维持治安委员会，建立红色政权的时机已成熟。会上号召全村揭发老更队的罪行，发动原夜校的青年学生报名成立青年维持治安委员会。在夜校学生的带领下，参加人数有140多人，筹集枪支80余支（自买自带）。成员以原夜校学员居多，有：梁容基、梁容彬、梁帝真、梁文焕、梁安、梁大树、梁容柱、梁锦桃、梁华新、梁灿、招家勋、招汉、梁传道、梁传坤、梁容毕、招振强、招牛仔等人。大会由谢鹤寿主持，宣布青年维持治安委员会取代老更队，青年维持治安委员会主任为梁明、副主任为招新。由于原长涾村维持会会长梁恩年纪过大，由倾向革命的梁标代任，把村伪政权变成"白皮红心"的两面政权。后来，青年维持治安委员会改为长涾村自卫队，仍是革命的武装队伍。

当晚，青年维持治安委员会举行庆祝大会后，10多个骨干在梁氏宗祠研究工作。在谢鹤寿的指挥下，会员们高兴地唱起革命歌曲《团结就是力量》。晚上10时左右，原老更队头目梁焰竟然来到祠堂门前开了一枪，大骂："打衰你地（你们）共产党！"会员们听了非常愤怒。谢鹤寿说："谅他也不敢进来。他的子弹又不会转弯，而且我们有10多个人，不必怕他。"大家精神振奋，向外面连喊三声："团结就是胜利！"自从成立青年维持治安委员会后，大部分中立以及走过歪路的村民都靠拢过来，纷纷报名要求参加青年维持治安委员会。

当时，东江纵队经济有困难。会员骨干招新、梁容毕、梁容柱、梁容彬将合伙种的2亩多烟叶全部收割，所得烟款价值1 500千克稻谷，全部送给东江纵队购买粮食和武器弹药。

第二节 东江纵队在天河地区的活动

一、建立联络站

（一）建立东圃联络站

1943年，东江纵队第四支队在东圃建立联络站。联络站设在东圃墟福安纸铺，同时发展了店员梁泉、李根、李悦、梁道参加东圃抗日青年大同盟（简称"抗盟"），梁泉为组长，李根为组织委员，李悦、梁道为宣传委员。福安纸铺作为联络站，掩护来往同志，并以肩挑贩卖走四墟来搜集敌情并及时报送。有一次，地下党员赵仲垣被特务追捕时躲入店内，李根临危不惧，机灵应对特务，终于使赵仲垣化险为夷。1945年，联络站曾将东圃敌伪据点人数、武器装备、活动规律摸清楚后，绘制成一份地图提供给部队，为消灭东圃敌伪做准备。

（二）建立柯木塱联络站

1944年2月，东江纵队第四支队在增城油麻山建立抗日根据地，并在高塘石坳头方屋设立地下交通站，站长是坳头村方屋的方记（中共党员）。方记在柯木塱、联和、穗丰、油麻山一带为游击队搜集传递情报。1944年8月，方记在联和墟理发时被本村地方反动武装发现并抓至水口（今天鹿湖附近）杀害，年仅26岁。

二、组建乡村抗日武装

（一）成立抗日青年大同盟

1943年，东江纵队第四支队在凌塘、新塘、冼村、东圃4个乡村，发动地下党员和爱国青年农民组成抗日青年大同盟，共60余人。其中新塘、凌塘小组组长梁池，宣传委员温露，组织委员梁坤、温华，成员有简应、简锡兴、简振友。冼村小组有冼八、冼咏泉（冼全），东圃小组有梁泉、梁道等。抗盟同时也是抗日武工队，队长梁池，副队长简应、简杜平，党代表赵仲垣。随后，又发展新塘小学教师戚思成、村民简树棉加入抗盟。

（二）成立"两面"政权武装

1943年春，通过长湴村梁基与凌塘村梁姓同宗关系，由东江纵队第四支队政委杨德元安排徐幽明到凌塘任小学教师。当时，日、伪军常常到村中要粮要钱，并要求村民做各种差事。当地父老认为徐幽明是教师，有文化，又是外地人，可以应付，提出让徐幽明当新塘乡副乡长、凌塘村保长。徐幽明立即赶到长湴村，请示上级领导杨德元。杨德元经过再三考虑，认为这是个掩护秘密工作的好职务，可以利用伪职为革命开展工作。由此，凌塘村的政

原禺东武工队队长梁池（左），队员戚思成（中）、简锡兴（右）（1987年3月摄）

权为中共地下组织所掌握。

1943年夏的一天夜里，凌塘村突然被土匪袭击，他们入村到处抢劫。事后，驻扎在岑村机场的日本空军派人将保长徐幽明押解到指挥部汇报"红军劫村"的情况。徐幽明来到日军办公室，报告了昨夜的情况，说昨夜是附近地方的土匪进行抢劫，并非"红军劫村"，凌塘附近都没有发现红军和共产党的活动。日军再三查问，都没有收获。徐幽明以身体有病又要回村庄教学为由，向翻译官讲情。最后，日军默许徐幽明离开。

三、打退进村伪军

1943年冬，驻东圃伪四区公署派出一队绥靖军到新塘村勒收种烟税2 500千克稻谷。当时伪乡长被迫承诺交4 000千克稻谷。东江纵队第四支队凌塘村抗盟小组成员与群众反抗，据理抗交。伪军强迫伪乡长引路，集队前往烟田铲烟。新塘武工队决定进行反击。武工队队员、抗盟成员简锡兴、简振友、简应等先行占据伏击位置，等候伪军进入射程。枪声一响，伪军狼狈逃跑，伪乡长年老，躲避不及，被伪军撞伤了腿。其中一个伪军士兵来不及逃走，躲在树后脱掉军服，装成村民溜走。第二轮枪响，大部分伪军脱去军服。第三轮枪响，伪军丢掉步枪逃跑。这是新塘武工队、抗盟小组首次成功打击伪军，保卫了群众利益，增强了人民抗日的决心。此后，伪军再也不敢进村了。

挂在天河区渔沙坦村张氏宗祠墙壁上的日军饭盒，见证日军侵华的历史（2005年摄）

四、罗浮山集训

1944年，中共地下组织动员各村进步青年到增城罗浮山游击区，参加东江纵队第四支队举办的民兵骨干训练班，学习政治和军事，受训半年。参训人员有：新塘村的简善昌、简财福、简应、简华耀、简宝全、简住均、韦森、韦全等人，龙眼洞村的樊登成等人，长湴村的梁明、梁安、梁传坤、梁帝真、梁大洪、梁容柱、陈炳等人，岑村的罗容胜、黄华富、黄炳坤、黄土坤等人。学习班上，政治部主任陈坤上政治课，讲党史和国内外形势及阶级分析、革命气节等。陈坤的爱人高华主持班内日常工作安排及教唱《国际歌》等革命歌曲，比如有歌词"黄河结冰不扬波，日本鬼子想过河，河东我军枪炮多，河西我军把脚拖哟嗨，哟嗨，日本鬼子奈我何"。张强讲刺探敌情，破坏敌人交通、火车头、飞机，燃烧敌人仓库，爆破敌人防地，伺机打入敌人内部，伺机起义等课程。第四支队副队长谢阳光教军事基本动作如射击，掩体防护，及游击战术"麻雀战"等。学习结束后，各村青年回乡积极开展武装斗争。

五、袭击日军

1944年，东江纵队第四支队夜袭龙眼洞狮岭的日军部队，烧毁马棚两座。同年，第四支队到天河机场仓库捣毁日军物资。同年，短枪队队长周应芬多次带领一名队员与新塘抗盟小组组长简锡兴，晚间潜入日军黄村机场，进行侦察活动，伺机将日军武器盗出。有一次在侦察中，适逢美国盟军飞机空袭天河机场，警报拉响，日军狼狈向外疏散。他们险些与日军遭遇，幸好在天亮前解除警报，才安全脱险。短枪队还与新塘抗盟小组成员简锡兴、简振友等十多人，于某天夜里前往广九铁路旁，在水氹（即水坑）

内埋伏，等候日军护路巡查队，夺取其武器，可惜守候多个夜晚未遭遇。

六、活捉汉奸

1945年春，凌塘村出现一个冒充伍梅干儿子的青年——陈堪。经了解，陈堪行动反常：一是逢联和墟日，他便往联和买柴自用（联和墟是国民党别动军与东江纵队争夺的地方。东江纵队有3名税收人员曾在该地被害）。当时凌塘村民无人买柴自用，反要去东圃卖柴度日。二是他经济富裕，经常出钱财或食物搞聚餐，以请食为名接触进步青年，并讲游击队的话题来逗引青年暴露。三是他与沐陂村的潘旺、潘祖德（2人是岑村机场的敌探）有来往。

东江纵队第四支队凌塘抗盟小组组长、中共党员梁池将上述情况向上级汇报。上级决定安排2支手枪给凌塘抗盟小组使用，选择时机，活捉陈堪。梁池接到任务后，担心凌塘抗盟小组的力量不足，又发动梁灼、韦胜参加。抓获陈堪后，将其连夜押往驻新塘短枪队，再转至部队。后在押解途中，陈堪耍赖不走，梁池等人将其就地处决，清除了潜伏在凌塘村内的敌伪隐患。

七、机智夺运日军机枪

1945年夏，东江纵队第四支队情报参谋许沸腾（绰号"肥子许"）因牙痛到沙河墟求医，认识了沙河墟牙医黎医生，随后与其丈夫郑木（湛江人或潮汕人，日军翻译官）相熟。郑木好酒，酒席间，由许沸腾引荐，新塘武工队队长梁池、队员简应与郑木很快便成了朋友，无所不谈，并从郑木口中得到不少日军情报。

1945年7月初，盟军开始全面对日反攻。26日，《波茨坦公告》发表，敦促日本投降，日本崩溃已成定局。牙医黎医生和日军翻译官丈夫郑木整天愁眉苦脸，唉声叹气，想逃跑，但手中无钱。简应劝他们说，日军大势已去，如果能从日军驻地运出机枪给游击队，也算是为自己留一条后路。几天后，郑木说，机枪已经拿到，就放在他家中，但要游击队买，价钱是30担谷，先交三成便可拿走枪，其余七成逐步还。简应找长涩村党员梁明等商量，梁明、梁基两人便从同乡梁容觐、梁华新、梁灿那里借得10担谷钱，先将机枪买下，并立即报告东江纵队短枪队。

  上级要求将机枪运送到新塘。那时，从沙河墟出来到新塘要经过沙河日军关卡。为了避过关卡的检查，长涩党员招新从沙河墟买来一袋做肥料的鸭毛，将鸭毛取出来，又将机枪用禾秆扎好，塞进肥料袋中，再往袋里塞一些鸭毛。藏有机枪的麻袋藏在一辆手推车内，上面铺着一大堆杂物。招新身上藏着刀，梁明、简应推着车，装作运肥料的样子；东江纵队短枪队派来5名队员，在后面挑担跟上，准备万一被哨兵发现就搏斗，强行过关。到了沙河墟关卡，见有2个日本兵站岗，招新连忙将一把香蕉递给哨兵，用日语说："香蕉很甜，吃吧！吃吧！"因为日军占领这里7年了，村民都懂得一些日语。手推车上的鸭毛已经腐烂，还夹有鸭屎，一阵臭味，哨兵望一眼就挥手放行，拿过香蕉就吃，也没有用步枪刺刀去戳手推车。因为用步枪刺刀去戳鸭毛鸭屎，回去还要清洗。就这样，几个人顺利通过关卡，将机枪运到新塘简应家中收藏，再由短枪

2013年8月7日，招新讲述当年偷运日军机枪的经过

队队长周应芬运回部队。

后来，部队无力付清枪款，梁明将自家13头小猪变卖，加上梁池、梁基各拿两三担谷出来，才将首期借款还清。后因日本投降，郑木逃跑，余款不了了之。

八、袭击龙眼洞伪警察所

龙眼洞位于天河地区的东北部，比较偏远。1945年夏收期间，龙眼洞村璞庵樊公祠被伪警察所占用，驻有30多个伪警察。他们依仗村前有广汕公路，日军机械化部队可以迅速增援；村后狮岭驻有日军部队，也可以随时增援；此外，龙眼洞村中有50多人的老更队，拥有机枪和各类枪械，可以就近支援，于是就有恃无恐，在此设税所收税。

东江纵队第四支队决定拔除这个伪警察所。之前，新塘情报站站长宋波曾与新塘武工队队长梁池一起前往龙眼洞村，找伪乡长樊昌海面谈，说明东江纵队是抗日队伍，因工作需要在龙眼洞境内活动，希望能以国家民族存亡为重，给予方便合作等。同时表明身份，说明是由邝爱莲派来商议的（邝爱莲是东江纵队第四支队队长阮海天的妻子，又是樊昌海的亲戚）。樊昌海满口答允，表示支持抗日行动。这次统战工作，为后来奇袭龙眼洞伪警察所做了基础准备。

这次战斗由东江纵队第四支队短枪队队长周应芬负责。他派新塘情报站站长宋波到长涅村，找到梁明和招新，布置阻击任务。梁明和招新并不知道之前宋波和梁池曾经到龙眼洞村做统战工作的事情，他们接受任务后，担心龙眼洞村的老更队会出来阻挠，于是说服村中的土匪梁焰，叫他利用旧交情到龙眼洞村老更馆借宿，乘机劝老更们不要帮助伪警察所，并提出事成之后，将缴获的枪支送一支给他作为酬劳。梁焰见有便宜，便依计而行。

到预定日期,梁明和招新带领长涒村30多人,在离龙眼洞村1千多米的公路边埋伏,负责阻击增援的日军部队。

这时正值稻熟收割时节。傍晚,游击队队员化装成收割的农民,男女老少五六人,像一家人。他们在璞庵樊公祠前搭灶煮饭,说是东家请来割禾的,并请伪警察所门卫吃饭。天黑了,他们向门卫请求在祠堂前两边的石包台上暂时留宿,以免风餐露宿。门卫同意了。当晚12时,游击队队员首先制服门卫,并对天连放两枪。埋伏在稻田中的游击队队员在短枪队队长周应芬的带领下,一跃而起,冲进祠堂,端起机关枪一扫,连声高喊"举手投降!"梦中的伪警察被枪声惊醒,还不知道是怎么回事,游击队的枪口就已经对准他们,于是纷纷举手投降。随后,招新带领游击队进入祠堂,教育那些伪警察,并给每人发几元钱的路费(发给的路费由长涒党员集资,事后上级也没有发还给长涒)。整个战斗不到半个小时就结束了,龙眼洞的老更队也没有出来支援,当附近的日军听到枪声赶来支援时,游击队已经胜利返回帽

位于龙眼洞村的璞庵樊公祠。当年,游击队队员装扮成收割水稻的农民,求宿在祠堂门前的石包台上(2015年摄)

峰山根据地。这次战斗缴获各种枪支20余支、弹药一批，敌伪以后不敢再在此设哨所。"由于此役发生在近郊，政治影响很大。延安广播电台为此播发了消息，《解放日报》也作了报导。"①

九、进行抗日宣传活动

1945年，东江纵队短枪队队长周应芬在长湴村里的怡珍茶寮进行抗日演讲，分发传单，由村自卫队员、中共党员梁基望风。

据档案《1945年中共番禺县委报告》："东纵四支队短枪队到过这一带活动，在这里散发数量不少的前进报和多种宣传品（经常散发），改变了这一带民众愚信老蒋的所谓正统观念，使他们在政治上对我党我军有了初步的认识。目前，在广州东郊广九路以北的那几条乡村的青年，政治认识是提高了（当然比不上其他较好的地方）。这里曾有过我们部队的活动，使几个村的面目暴露，但还没有清乡；这一带的民众对政府的害怕心理较深，一般不敢多声。且捞家（即土匪）多，各村，尤其是较大的乡村，如石牌、冼村、猎德、东圃、车陂、乌冲、南湾、萝岗在敌伪有很多的杀敌队，日寇组织的联防队多为捞家。现在这种捞家又蠢蠢欲动，抢劫的事件也一天天多起来。"

又据凌塘村武工队队长梁池回忆："（东江纵队的）这支短枪队不单是战斗队，同时也是抗日宣传队。有一次日间，（他）以长湴村梁基同志开设的怡珍茶寮为场地，派一名队员在门口守候警戒（用婉言劝说办法，准入不准出），由队长周应芬同志公开向茶客作演讲，宣传抗日统一战线政策及国内外形势，来动员抗日力量。并向每（位）茶客发一份传单，教育群众抗日爱国，

---

① 中共广州市委党史研究室编著：《中共广州地方史》，广东人民出版社1995年版，第249页。

鼓舞人民抗日斗志。"①

十、经历艰险，流血牺牲

1945年3月，东江纵队第四支队新塘抗盟小组组长简锡兴带领简振友、简成业到凌塘村联系工作，返回途中突遭日军巡逻队机枪扫射。抗盟宣传委员简振友不幸腿部中弹，简成业进行掩护，简锡兴回村求援。简成业在打掩护时右肩中弹负伤；简振友抢救无效牺牲，年仅25岁，遗下怀孕的妻子和一个幼女。在简振友的追悼会上，抗盟成员们表示化悲痛为力量，前赴后继，继续抗日。简成业负伤后，卖掉了几亩田用来医治，痊愈后继续参加武工队活动，直至广州解放。

1945年夏，武工队的梁池、温露往东圃墟联系工作后返回凌塘。黄权（东圃源栈烟铺炊事员）随后赶到，说："今天你两人真幸运，离开东圃墟不久，棠下村钟辉（又名黄鱼辉，是日本宪兵秘密侦缉）带几名便衣追捕你两人，一直追出东圃车陂桥（广九铁路），因不敢冒险越境追捕才撤回东圃，继续搜索。"

1945年4月11日，东江游击队队员、龙眼洞村人樊登成在南海县平洲乡与日、伪军作战中牺牲。

附录：侵华日军在长湴村的罪行②

1931年9月18日，日本开始发动侵华战争。九一八事变后，东北三省在数月内被日军占领。1937年7月7日，日军又挑起了"卢沟桥事变"，进一步侵略中国。1938年10月21日，广州沦陷。是日，大批日军进入长湴村，并实施烧杀抢

---

① 梁池著：《新塘、凌塘人民革命斗争史》，番禺县党史研究室1986年印。
② 长湴村委会编：《长湴村志》，中华书局2004年版，第195—198页。

掠。长湴村村民在日军的铁蹄下，过着悲惨的生活。这是日军侵华罪行的又一历史罪证。

广州沦陷之前，日军已侵华多年，长湴村村民早已听闻日军"三光政策"的暴行。因而，广州市即将沦陷时，村民闻风而逃。长湴村当时有1 500多人，逃难的人多达80%。村民们扶老携幼，带上一些日常用品、衣物、耕牛，把家门关好，走上逃难之路。稍微有点钱的，便先在棠下乘船到土华、仑头、北停等地避难。村中只剩下那些赤贫的穷苦人家以及一些老弱病残。昔日繁荣兴旺的长湴村顿时变得萧条冷落。逃难的时间持续了1个多月，生活十分艰苦，只能靠带去的一点粮食来维持生活，有病也难以就医。

村民逃出不久，大批日军进入长湴村，烧杀抢掠。日军进村后便逐家破门搜查、抢掠，稍有不顺心意便放火烧屋。跟着，开始了大屠杀，端起步枪，不分青红皂白，见人就打，还有的用大刀砍，用刺刀捅。反应快的连滚带爬跑掉了，躲避不及的顷刻间成了日军刀枪下的冤魂。

1938年10月21日，日军"扫荡"长湴村时，村民梁如庆躲避不及，被杀害在路旁。女村民梁叶，白天在土名大井口的田里劳动，被日军巡逻队看见。日军企图强奸她，遭到反抗，便用枪将她杀害。被杀害的长湴村民还有：梁梓、招九棉、梁苗、梁润、梁传兴、梁富贤、陈其、招芹、招绍、招红恩、梁妹仔、梁旺兴、高基、梁文佳之母、梁九、梁容成、梁帝邦等几十人。其余的名字，因年代久远，已记不清了。

野兽般的日军，不论在村庄或田野，到处强奸妇女，有的还进行轮奸。连在村中躲避不及的60多岁老妇"大声欢"（绰号）也不放过，强奸后，用竹子插入其阴道致其死亡。

又如，梁田和妻儿一家在大坑边竹林里避难，被日军发现。日军要强奸梁田的妻子，梁田劝说不要吓坏小孩，便被日军开枪打伤，几天后死亡。

广州沦陷后，侵华日军华南地区司令部设在中山大学。日军经常到长涾村搜查，有时也来捉鱼、找花姑娘，妇女很多不敢出门，躲藏起来或扮成老太婆。有很多妇女被强奸或轮奸。

日军侵华时，到处设有关卡，凡是路过的，不论什么人，都要立正行礼，三鞠躬后才能通行，不然就拳打脚踢。村民梁殊出田劳动，顺便拾一些树枝烂叶回家作柴烧，被日本兵发现，日本兵便对他拳打脚踢，打得他浑身是伤。梁殊以为打过便可以回家，但日本兵却把他带到已挖好的土坑里准备活埋。梁殊想：这次必死无疑，不如搏他一搏。于是，当日本兵把梁殊推到坑里时，梁殊顺手一拉，把日本兵一同拉入土坑中。梁殊趁日本兵不备，一只手打开日本兵的枪栓，另一只手往里塞了满满一把泥沙，使枪无法射击。二人打成一团，梁殊用手打，用嘴咬，将日本兵打得浑身伤痕无力还手，随后乘机猛力跳出土坑，逃回村中。

日军侵华初期发行军票，1940年，又扶植汪精卫成立伪国民政府后，改为发行储备券，面额越出越大，贬值速度越来越快，到后期如同废纸。村民劳动所得化为乌有。

1941年，时任日本宪兵便衣侦缉队队长的汉奸钟孟尝倚仗日本宪兵的势力横行霸道。有一天，钟孟尝带着大批日本兵包围长涾村，硬说长涾村村民在三宝墟抢了他们一批财物，强行捉走村民招牛仔、招均、梁逸、潘洪妙等做人质，强迫被捉者每人交出3万元（约相当于25担谷）才肯放人。为救人质，村民只好凑钱缴了这笔冤枉钱。

日军侵占广州7年,是长湴村民历史上最艰难的日子。村民生命朝不保夕,许多村民没饭吃,有的割草到日军的驻地换"有味饭"(残饭),有的吃野菜草根、豆腐头(豆腐渣)、马屎豆,有的冒险到日军驻地的山坑,拾日军扔掉的变质的残羹剩饭来充饥。那时,到处都是饥饿、疾病,村民在死亡线上挣扎,饿殍遍野。日军还用灌水等酷刑残害村民。有一次,汉奸密告村中有支中国军队,日军便从五山调来大队人马,把长湴村围了个水泄不通,捉了20多个青壮年在梁氏祠堂门前审讯,用灌水的办法逼供,后将他们带到五山军营。幸亏有个日军头目经常在长湴村的池塘钓鱼,认识长湴村村民,草草盘问几句,便把人放了,这才捡回生命。

日军扩建天河机场、岑村机场时在山头挖了很多防空洞。日伪政权的维持会从各村雇用劳工,每日给储备券500元(能买2斤大米)。当时长湴村有很多人为生活所迫,到岑村机场和山头挖防空洞,做苦工。日军只招青壮年,但不少穷人的孩子为生活所迫也去排队报名,不够高便用石头垫在脚下。日军发现后,棒打脚踢,将这些孩子赶出场去。如工作难做,进度慢,日军也会认为民工故意偷懒,员工也要遭受皮肉之苦。

日军经常侮辱中国人,骂中国人是"亡国奴"。村民见到日军必须鞠躬敬礼,不然,轻则遭日军掌掴,重则遭日军棍棒打至伤残,或被大狼狗咬得遍体鳞伤,甚至招来杀身之祸。许多村民无缘无故便遭日军毒打。日军怕战机遭受英美等盟军的飞机袭击,在长湴村修筑了一条道路,把日军的军用物品和武器等运入山中的防空洞。为修路,日军砍了长湴很多粗大的树木,使长湴村的树林遭到严重的破坏。

经过艰苦抗战,中国人民取得了抗日战争的伟大胜利。

1945年8月15日，日本帝国主义被迫宣布无条件投降，日本侵略者终于落得可耻下场。

——2019年6月访谈整理

第四章
解放战争时期

第一节 建立革命武装队伍

一、建立武工队

1945年8月抗日战争胜利,东江纵队奉命北撤山东烟台,天河地区留下来的本地战士于1948年组成4支武工队:一是新塘武工队,队长为凌塘村的梁池,副队长为新塘村的简应、简杜平,队员有新塘村的简财福、简树棉、简料全、简成业,凌塘村的韦森、黄金泉、梁明新。当时手枪不足,先后由长湴、冼村各提供一支;二是长湴武工队,队长梁明,副队长招新,队员有原夜校学员30多人;三是冼村武工队,队长冼八,队员有冼咏泉等人;四是沙河武工队,队长陈鹏,队员有黄子衡等人,以及同和镇武工组。武工队经费自筹,活动形式参照抗日战争时期东江纵队的办法,需要时集中行动,平时分散活动。

武工队成立后,在各村成立农民起义军。首先在新塘村组织农民起义军,规模较大,发展了简锡兴、简振友等三四十人。在棠下村,东江纵队战士潘尧召集苏阜、钟占、钟平、苏妹、苏东等组成10人左右的农民起义军;在沐陂村,召集潘玉森、潘帝流、潘祖洁、潘宝荣等10人左右组成农民起义军;在棠下、上社,串联潘惠棋、潘大敬、潘洪煜、潘细敬、潘线等组成近10人的农民起义军;在岑村,串联黄柏、罗坤、黄全、黄华福等10人组成农民起义军。此外,吉山村有梁锦、梁新等,车陂村有梁住、梁敬、简宝财等,珠村有潘定坚、潘巨良,黄村有黄拾仔等倾向革命的青年。起义军人员中有些曾经当过土匪，当时武工队队长梁池有异议，怕他们叛变，指导员赵仲垣却认为掌握统战政策，即使是土匪也可以改造成我方力量。历史证明，除个别人动摇外，其余都能接受改造。在广东解放之初的清剿顽匪中，他们能带头引线追捕，破获"反共救国军"等多个敌人组织，镇压反共头目钟国祥、钟池、钟亮等，镇压顽匪头目周九、欧流文、钟万常等，并缴获大批武器，稳定了禺东的局势，捍卫了革命成果。

二、成立游击队

1949年4月间，中共地下组织领导人徐幽明在珠江南岸的琶洲村郑英家主持召开禺东地下党员骨干会议，出席的有陈明、郑英、袁江、赵仲垣、陈汗华、梁明、梁池等人，会期10天左右。会议决定成立东北郊人民游击队。

1949年7月，游击队决定袭击棠下附近的广九铁路石牌站，消灭驻警一分队二三十人。行动以东北郊人民游击队为主力，各乡起义军配合堵截敌援及掩护撤退等任务，借用村中老更队的重机枪作为主要武器。大队长李汉光、政委徐幽明、教导员陈明某夜率领岑干强中队进入凌塘掩蔽，次日由大队长李汉光与武工队队长梁池、简应前往现场侦察，选定各部隐蔽位置，约定棠下、上社起义军会合地点等，并分头通知沿途的岑村、沐陂起义军，当晚准备行动。有的女同志很积极，将所有金戒指拿来变卖，打算发给被俘敌军作为遣散回家路费。不料当日下午，侦察发现敌军余英琪部队换防入驻棠下，敌人兵力大增。于是游击队便取消了这次任务，连夜撤出。这次行动虽然未能实施，但对这支新组建的东北郊游击队很有帮助，对各村起义军影响也很大。

1949年8月，敌人用军车向黄埔港方面运输疏散物资。棠下起义军苏阜、钟平、钟占、梁锦等在棠下村口路旁守候,先后截堵敌军吉普车两辆,一车缴获手枪三四支,另一车缴获一批无线电器材。9月,临近解放,敌军纷纷溃逃。新塘武工队副队长简应得知敌军准备在黄村机场挖坑埋巨型炸弹,企图炸毁机场,便立即集合武工队连夜奔赴机场,果断鸣枪警示。敌军在黑夜中措手不及,仓皇开车撤离。游击队为慎重起见,还安排棠下、沐陂、新塘起义军就近监视敌人,圃育小学的党员和进步师生负责送饭菜给坚守岗位的同志。

1949年8月28日,在帽峰山的矮嶂村,游击队召开干部大会,徐幽明代表中共番禺县委宣布:将禺东各地的武工队等人民武装统一为广州东北郊人民游击队,队长李汉光、政委徐幽明、副队长梅日新、副队长周伯尧、政训室主任陈明,共300余人,队部设在帽峰山。下辖三个区队,第一区队队长岑干强,第二区队队长陈学初,第三区队队长梅日新(兼),主要任务是为配合南下大军解放广州做好准备。

1949年10月25日,广州东北郊人民游击队全部开往禺南(今番禺区)集中,改编为解放军粤赣湘边纵队番禺独立团第二营,李汉光任营长兼党委书记,陈明任营教导员。

第二节 掩护中大进步学生

一、开设店铺

1946年,为了便于开展工作和掩护同志,梁明、梁容毕、招新、梁传坤、梁帝真、梁容彬等人在沙河开设一间合胜隆杂货店,招家勋等人在中大农学院开设安兴蔬菜分店作为联络站。联络站还为进步学生罗康宁、李建仁、彭英刊等人送秘密资料到广州市永汉路兄弟图书公司,并存放进步书籍。一天,进步学生彭华在安兴蔬菜分店的联络站,发现学生宿舍已经被国民党特务包围,于是问招家勋如何才能脱险。招家勋脱掉自己的衣服给他穿,将他打扮成一个农民,并指引他从小路逃走。

1946年底,由于物价飞涨,货币贬值,合胜隆杂货店不到一年便亏本倒闭。

二、村中留宿

1947年5月31日,中大学生举行"反饥饿、反迫害、反内战"的游行活动,史称"五·三一"事件。在反对国民党的示威游行中,中大不少学生遭国民党宪兵打伤。

"五·三一"事件发生后,广州国民党反动派大肆搜捕进步学生。这期间,中大学生杨家盛、黄剑深、李志成、蒋同正、曾佛权(即曾平)等20多名学生因躲避国民党当局的搜捕,不敢回校住宿,于是分散到长泩原夜校学员家中住宿。其中,招新家的

1948年，长湴村部分革命青年在中山大学留影

1948年春节，长湴村原夜校青年学员到中山大学舞狮

三间草房和招家勋家的一间草房，以稻草铺地，让学生住宿。中大学生还将一支左轮手枪交给招新收藏。这段时期，每晚7时以后，招新就到村口石路头的竹林带师生进村，然后安排他们住宿。清晨5时，又假装捡粪，进入中大校园观察学生宿舍，确定没有国民党军队布防后，就以击掌为信号（慢拍则安全，快拍则危险），通知在竹林等候回校的学生。学生在长湴村住宿了八天，6月9日晚上，由原夜校学员带领前往增城仙村火车站，再乘车前往香港。招家勋凑了几十元港币送给他们。

7月23日早上，国民党特务突然到长湴村抓走夜校教师李菊容、谭学然、罗新然等人，附近各夜校50多名教师当晚也相继被捕。长湴党支部马上组织各村夜校师生前去营救。招家勋、梁华火等人前往广州市仓边路监狱探望被捕学生。经过中大校方和各方努力，最后被捕教师全部获释。直到广东解放前夕，中大进步学生陈启、温为新、赖汉广、郑希罗、彭华、李菊容、黄嫣曼、姚管彤、汪德简等50

余人都一直在长涩坚持工作,还在长涩村举办有村民参加的夏令营。

第三节 加紧特工工作

一、建立情报站

重建东圃墟情报站。1948年，中共利用墟场经济比较繁华、人员来往较多、易于隐蔽的有利条件，开设情报站。东圃情报站在抗日战争时期就已设立，抗战胜利后得以恢复，设在东圃墟福安纸料店（后改为溢丰酿酒厂），并发展苏权等同志为联络员。

建立东圃墟圃育小学情报站。该站于1949年4月建立，领导人为小学教师、党员陈楚洁。曾派黄镇邦到鱼珠以店员身份为掩护，负责搜集国民党军队乘火车北上人数及经过情况、鱼珠守敌情况等；又派梁广富、潘钜森负责收集杨箕至车陂、车陂至毕村的铁路长度、桥梁分布、敌军驻地、武装力量、土匪活动等情况；派通讯员与上级和附近党组织联系，抄送往来通知、传单，如《告全省人民书》等。

建立沙河墟情报站。1949年4月，沙河墟情报站设在沙河大街白云酒楼，由农工党江坤等人筹集经费开办，共产党员陈鹏以店员身份为掩护开展工作。沙河墟情报站两次给游击队副队长梅日新送去报告，使敌人的"围剿"扑空。

二、加强统战策反

1949年，东圃是中共地下组织的一个集结点。东圃圃育小学有7名共产党员，赵仲垣任党代表，也是东圃一带党组织的最高负责人。其中，党员有车陂乡乡长郝英彦、商会会长苏棋之女郝丽坚、郝丽坚之夫李光磊。通过郝丽坚、李光磊的努力，苏棋愿意与共产党合作，掩护党组织在囿育小学的活动。

1949年6月以后，经过策反，东圃刑警队队长黄棋表示接受共产党的领导，起义参加游击队。可惜不慎泄密，被国民党广州卫戍司令部李及兰部队围攻。激战数小时不敌，黄棋被俘，不久被处死。

三、打入敌军内部

1949年4月，中共番禺县委乘国民党广州警备司令部扩大警备部队之机，派共产党员周伯尧、陈鹏与沙河农工党成员江坤、何甘棠、何春林等人在沙河墟警察分局成立警察第一总队第三大队，并经广州警备司令部的批准，同和乡赖祥辉被任命为大队长，何甘棠和何春林分别任副大队长和大队总务，陈鹏（化名陈伟文）任大队文书。后来，又成立独立中队（第十中队），由江坤任队长，陈鹏任文书，第三大队和独立中队合署办公。

同年7月20日下午3时，广州警备司令部命沙河警察分局晚上9时到太和墟集中前去"围剿"帽峰山游击队。陈鹏与沙河农工党成员江坤马上赶到太和大源洞交通站，转达情报，然后返回沙河墟，明确队伍要超过晚上9时才到，假装跟不上大队又转回来。当广州警备司令部纠集1 000多人前去"围剿"时，东北郊人民游击队已经全部安全转移，避免了一场损失。而在帽峰山一带活动的东江纵队第三支队先遣总队则因未得到情报，被敌人包围。突围中，队长朱骥、政委崔楷权等7人不幸牺牲，另4人被俘后遭杀害。事后，广州警备司令部指责沙河警察局"围剿"不力。

此后，他们常借国民党警察部队之名，为游击队输送人员和枪支弹药，把大队、中队的证章交给下山的游击队，以通过敌人的检查。

第四节 利用夜校开展斗争

一、再办石牌夜校

1946年1月,中山大学迁回石牌,重新在石牌村开办夜校。中大学生除了教书,还经常带领同学们参加各种活动,如集体到广州参观博物馆、动物园,又到中山大学照相、打球,到其他乡的夜校与农民学生开展拔河活动等。在石牌村,他们利用农民休息时间,教他们排剧做戏、唱歌。其中歌曲多为时代曲,如《四季歌》《天上人间》《思乡曲》等,此外还经常讲述革命故事。群众与中大学生,尤其是与蔡雁生(即蔡章智)、周耀邦、康永培、曾国宪、范大山等人关系很好。

曾国宪、康永培(均为地下党员)在夜校中经常讲苏联怎样好,讲共产党来了,耕田就不用交租。

在进行反对国民党的示威游行中,中大学生曾国宪被打伤入院。石牌夜校学生就送鸡蛋慰问他。一次,石牌夜

中山大学学生蔡雁生(中共党员)于1947年送给石牌夜校学员的照片。照片摄于1947年,地点在广州市中央公园(今人民公园)

校教师周耀邦晚上上完课回中大途中被人绑架，夜校学生就捐钱把他赎回来。有几天晚上，石牌夜校老师康永培上完课已是晚上9时多了，夜校就派陈镇等几个身强力壮的村民送他回中大。后来康永培觉得送来送去太麻烦，就干脆住在村中，陪同守护的有董坤成等农民学生。

蔡雁生在离开中大前，将两捆进步书籍和衣物等日常用品存放到石牌夜校一名学员家中。1950年，蔡雁生已是身穿解放军军装的干部，特意回石牌村取回寄存的东西。

二、再办长湴夜校

由于抗日战争全面爆发，原长湴夜校于1938年日军占领广州后停办。1945年抗战胜利，1946年中大师生陆续迁回石牌校园。

1946年7月，国民党反动派在加强对学生运动镇压的同时，也加强对学生的控制，在学生中大肆发展反动的三青团和基督教青年会。中大三青团骨干丁泽生和基督教青年会骨干范怀敬到长湴开办夜校，还发放救济米、救济布，企图破坏中共在长湴村的工作。中大中共地下组织领导人施泽霖（工学院学生）向师范学院陈仁恕（陈启）传达："党决定把你从《中大通讯》工作转移到师院，重点放在长湴乡。现在有一些坏人在那里活动，必须把群众争取过来。"于是陈仁恕、杨家盛等同志商量，到广州市中山四路省民族教育馆找中大师范学院教育系主任、广东省民众教育馆馆长王越教授出面，以公开、合法的身份到长湴村举办"长湴村社会教育实验区"。

针对三青团和基督教青年会已在这里开办成人班、妇女班的情况，决定先办一个儿童班。村中青年对基督教不感兴趣，无人入教，而热心参加中共地下组织开办的班。学员说："你们虽然没有像基督教青年会一样给我们发救济布，但有一颗为我们办实事的心。"随后,中大中共地下组织调派党员及地下学联的学生李志成、罗新贤、谭学然、姚坚、姚管彤、黄嫣曼、郑沾恬(女)、汪德简、李菊容、麦月英(女)等10多人,进入三青团和基督教青年会工作。在长涌村党支部的配合支持下,这些党员和学生排挤反动骨干丁泽生和范怀敬等人,把成人班、妇女班接手过来,由村中党员招新任校长兼总务。中大学生自编教材,在教学识字计算的同时,讲述中国革命的历史,讲述农民怎样摆脱贫困的革命道理。他们还帮助调解村与村之间的纠纷,受到村民的好评。

有一次,国民党特务以抓赌的名义到学校把中大学生及梁明等十几人抓走。招新找到杨家盛,通过他与王越教授联系。王越教授出面,中大学生以及梁明等村民获释。

1948年,在长涌村任教的17位中大学生在祠堂前合影,祠堂前挂有"长涌村社会教育实验区"的牌子,墙壁上有大标语"读书识字那论男女老幼"

1948年，中山大学中共地下组织在长湴村举办民众夜校，图为夜校的部分师生合影

  中大进步学生经常带领长湴村夜校学员到中大看他们表演的进步话剧。1947年5月30日晚，招新等一批长湴村夜校学员又到中大看话剧，路上遇到范怀敬。范怀敬对招新等人说："没有什么好看的话剧，都是对政府（指国民党政府）的不满，万一发生事情就麻烦了。"但他们没有理睬，坚持到中大看进步话剧。

第五节 迎接广州解放

一、扩大农村小学中共地下组织

为迎接解放,中共抓紧扩大天河地区地下组织。除了长湴村建有党支部外,其余党员分散于各村小学,以小学教师身份作为掩护,开展对敌斗争。

1. 在东圃圃育小学,党组织先是派赵仲垣到该校任教,随后又派党员冯文芳、陈楚洁任教。1949年5月,发展该校高年级学生秦杏珍、秦少初、梁柳坤、梁玉卿为团员。7月,发展该校青年教师郝丽坚、李光磊、蔡铭源、陆素馨(蔡铭源之妻)入党,陈楚洁为党小组组长。9月,发展由圃育小学升入东圃中学的初三级学生梁广富(车陂人)、潘钜深(珠村人)、黄振邦(黄村人)、熊远葵(东圃墟人)为候补党员,梁广富任党小组组长。

2. 在凌塘小学,徐幽明发展当地青年梁池、梁坤、温华、温露、李荣光、袁荣(以上两人为广州人、梁池的同学)、简锡兴、简应、简振友等入党。

3. 在新塘小学,当地青年戚思成、简杜平、简树棉、简锡兴、简料全、简成业入党。

4. 在林和小学,先有黄日新、王永祥,后发展村中青年梁锦国入党。

5. 在冼村小学,叶明华(1946年任禺东区委书记)、王其昌、李汉光于1946年春根据组织的安排，离开东江纵队，回到家乡猎德村。他们先是在猎德组织青年联谊社，后改为农民协会。李汉光被聘为猎德乡联保办事处干事，随后到冼村小学担任教师，并发展当地青年冼八、冼咏泉入党。9月，李汉光身份暴露，转移到上海。1948年，李汉光回到广州，在黄埔深井小学任教，仍从事地下革命斗争。

6. 在程界村小学，袁志文、何理明、谢冰珍于1948年5月组织高年级班的学生李耀南、李帜雄、李金培、李榕框、李嘉邵、李光悦、李兆华、李泰康、李如柏、李启杰、李炜基、李淑婉12人成立社团，取名"甦社"。"甦"的意思是死而复生，表示要推翻国民党反动派统治，建立共产党的新社会。

7. 在车陂沙美小学有赵仲垣。在石牌小学有郑英（琶洲

1948年5月，程界村小学成立甦社，学习和宣传革命思想，致力于推翻国民党政权，迎接解放。图为该社成员合影，前排中间3人为地下党员兼教师袁志文、何理明、谢冰珍，后排穿童子军服装的是该组织的进步学生

人,广东解放后任番禺第五区区长),以及刘某某(具体名字缺失);郑英发展校长何静波支持中共活动。在员村小学有袁江。在杨箕村小学有刘汝森等人。在柯木塱村小学,凌宾在鸿英杨公祠以办学为名掩护革命活动,后被告密,被迫撤离。

中华人民共和国成立以前,天河地区乡村小学累计有中共党员40名以上,建立党支部1个(长湴村党支部),控制的村有长湴村(村长梁标由党支部推举)、凌塘村(村长徐幽明为党员)、车陂村(车陂乡乡长郝英彦之女郝丽坚为党员)。

二、建立禺东人民解放委员会

1949年春,党组织派梁明回长湴村,发动群众,做好迎接解放军南下解放广州的准备。同年夏,东北郊人民游击队派武工队队长陈鹏和黄子衡到长湴村布置任务。两人赶到三宝墟附近时,遇上土匪劫车。他们机警地躲过去,冒险到达长湴村梁明家中,传达党组织的指示。于是,长湴村成立禺东人民解放委员会长湴分会,梁明为主任,招新为副主任。参加分会的人有梁明、招新、梁苏、梁容毕、罗潮江、梁栋辉、梁锦桃、梁传坤、梁帝真等20多人。同时组建了长湴武工队,队长由梁明、招新担任,还动员长湴村青年带着武器上帽峰山参加游击队。当时,长湴分会还负责与各地分会联系。有一次,梁明、罗潮江将文件转送给新塘村,在岑村附近遇上国民党兵检查。由于他们早有准备,巧妙回答说是趁墟,于是顺利通过,安全完成任务。

1949年9月,禺东人民解放委员会沙河分会成立,主要范围包括沙太公路(沙河至太和)沿线乡村,主任江坤,副主任何甘棠,军事委员陈鹏,宣传委员黄子衡,总务委员何春林。沙河、五仙桥、同和等地20多个乡村都建立分会,总人数500余人。

此时，广州的国民党军队沿着广汕公路大溃退。禺东人民解放委员会组织武装，在公路两旁布防，防止国民党散兵游勇趁机窜入村庄抢掠，并截杀落单的国民党官兵。

三、成立支援前线委员会

1949年10月，根据上级指示，沙河和东圃地区分别成立支援前线委员会，筹集粮草准备迎接南下解放军大部队。

10月14日傍晚，南下解放军经沙河进入广州。次日，游击队进驻沙河墟，守护沙河墟所有的米铺，并以支援前线委员会的名义要求长信、元昌隆、顺昌隆、沙河米机厂等店主拿出米、豆、番薯等共5万千克粮食支援解放军。数量不够，沙河米机厂还到东堤米铺运回几马车大米。在党的号召下，各村均完成支前任务。其中，冼村借给路过的解放军第四野战军青岛第四十八团及七十九部直属山炮营粮草如下：大米约6万千克、稻谷约7 500千克、柴草约11.5万千克。元岗村成立七人支前筹粮小组，向各家各户筹集粮食、马草给解放军用，各户上交的粮食凭收据顶交公粮。长湴村成立支前委员会，发动群众捐粮、捐物；当时捐粮有用单车推的，有用人抬的，粮食在村中慕南梁公祠后楼的房屋堆积如山。

10月15日早上，解放军第四十四军政委吴富善率主力部队从沙河进入广州城内。沙河支援前线委员会由长湴村地下党员梁明、招新分别担任正副会长，部署支前工作。游击队和沙河田心村村民在沙河墟等地设置茶水站，欢迎解放军。从沙河墟以北连绵5千米，一桶桶清水和粥水，一箩箩熟番薯，在沿途茶水站摆放，为南下大军提供临时补给。

10月15日，禺东第一面五星红旗升起，飘扬在新塘小学门前。这是该校教师、共产党员戚思成预先制好的，在新塘村解放当天便升起来了。人们仰望着鲜艳的五星红旗，欢呼鼓掌。敌机空袭时，人们将五星红旗收起来；敌机过后，又重升起。

凌塘、新塘武工队队长梁池也根据上级的指示，在东圃组建支援前线委员会，指定原车陂乡乡长郝英彦为会长。10月下旬某天，武工队通知东圃支援前线委员会次日接待解放军部队。当天，5名共产党员、教师（陈楚洁、郝丽坚、李光磊、蔡铭源、陆素馨）与会长郝英彦一起，组织进步师生在通往东圃乡公所的路边空地上搭竹棚，挂上用红布临时赶制的大红五角星，并带领高年级学生排练歌舞。次日，约一营解放军部队列队经东圃大马路进入东圃墟，8名穿着彩裙、手捧剪纸彩花、彩球的女学生及全校师生、众多村民列队在红五星下欢迎解放军，高呼"欢迎解放军！""共产党万岁！"等口号，高唱《解放区的天是晴朗的天》等革命歌曲。东圃乡支援前线委员会负责解放军的粮食供应。三天后，解放军大部队撤走，只留下十多人的武装工作队进驻东圃墟原警察分局。

随后，广州东北郊人民游击队奉命渡过珠江，配合禺南二支队解放市桥（番禺县所在）。禺东沙河由陈鹏武工队接管（不久沙河移交市管，陈鹏率队到东圃集中），东圃由梁池武工队接管，鱼珠由刘润武工队接管。接着组建新政权——番禺县禺东区联乡办事处，主任郑英，公安股长陈鹏、副股长梁池，公安连正连长梁池、副连长简应，财

1949年10月下旬，东圃圃育小学师生在东圃大马路口欢迎解放军进入东圃墟。这是欢迎会后歌舞队集体照相留念

粮股长刘润，文教股长林凤翔，组织股长陈焰中，宣传股长陈汗华，文工队队长黄子衡，事务长梁明，支前主任江坤。

第五章
中华人民共和国成立后的建设发展

第一节 改革开放前的建设发展

一、社会经济发展

中华人民共和国成立后,天河地区的经济进入一个新的发展阶段。

1950—1952年,天河地区农村开展了土地改革,农民分到了土地,调动了广大农民的生产积极性;在城镇实行保护个体和私营工商业政策,并努力发展国营企业,在恢复和发展国民经济中取得了显著成效。

1953—1957年,是国家发展国民经济的第一个五年计划时期,天河地区开展并完成了对农业、手工业、资本主义工商业的社会主义改造。1956年,全地区农村建立了农业高级合作社,入社农户达100%,农民生产热情进一步高涨,农作物产量逐年上升。1957年,建成了东圃农机站和沙河、登峰农械厂等乡镇企业,有力地支援了农业生产。是年,全区实现工农业总产值802.33万元。

1958—1962年,是国家的第二个五年计划时期,天河地区开展了"大跃进"、大炼钢铁和人民公社化运动。当时,由于受"左"的错误思想影响,农业生产受到严重影响,1960年粮食产量比1957年下降了66%。而工业上则先后建成了水泥厂、造船厂、砖瓦厂、农副产品加工厂、有色金属加工厂等一批小型工厂企业,工业生产有所发展。1961年,执行了中共中央提出的对国民经济实行的"调整、巩固、充实、提高"八字方针后，农业生产得到逐步恢复。1962年，全区工农业总产值上升至1 300万元。

1963年，为安排闲散劳动力，各街道、公社相继成立了139个生产、服务专业组，经营服务性和加工修理性的工副业。这为日后街道企业、乡镇企业的发展打下了良好的基础。同时，对国营工业则实行"关、停、并、转"的调整措施，对工业生产指标进行计划性调整，克服了生产的盲目性。经过几年的经济调整，至1965年，全区工农业总产值上升至1 400万元。

1966—1975年，为国家的第三、第四个五年计划时期。这个时期，爆发了"文化大革命"，天河地区国民经济遭到严重的挫折，生产发展不快。1975年，天河地区工农业总产值为1 668.4万元，与1962年比，13年间仅增长了26.8%，年平均增长2%，生产发展较为缓慢。

1976—1978年，为国家的第五个五年计划的头三年，也是"文化大革命"结束后的两年，社会秩序得以恢复，工农业生产得到平稳发展。天河地区一些生产专业组逐步发展为独立核算的街道、社队企业，增强了地区的经济实力。但由于仍受"左"的错误思想影响，经济增长还不明显。1978年，全区工农业总产值为2 361.57万元。

二、环境面貌

改革开放前，天河地区的环境面貌得到新的发展，主要表现在村落、环境卫生、道路、桥梁和公园方面。

1. 村落方面。新建两处村落。一是1962年印尼归国华侨建成的沙河镇鳌鱼岗村，二是1964年建成的水上渔民上岸居住的猎德渔民新村。两处村落建筑均是砖瓦平房，布局整齐划一。其间，村落因人口增加，不断兴建新屋，修缮旧屋，尤其是将全部茅草房改建为砖瓦房,居住环境大有改善。

2. 环境卫生方面。1952年,政府号召大搞爱国卫生运动,镇、村两级领导班子和广大群众十分重视环境卫生工作,开展"除四害"运动,消灭蚊、老鼠、苍蝇、蟑螂,基本消灭了1949年前曾发生过的各种传染病。从此,清洁环境卫生成为人们经常性的活动。

3. 道路方面。之前,天河地区的道路都是泥沙路。主干道有中山公路、黄埔大道、禺东西路。1964年,沙和公路(沙河至太和)经过天河地区的7.8千米路段铺筑沥青路面并加宽改建。1971年4月至1973年,新开从天平架经金盘岭隧道到同和会合的11.4千米广从新线,路基宽18米,沥青路面10.5米,为普通二级公路。

4. 桥梁方面。改造和新建一批乡村桥梁。其中,主要有冼村桥(1953年建)、石牌桥(1957年建)、程界桥(1958年建)、车陂西桥(1958年建)、林和桥(1967年建)、东圃涌桥(1968年建)、猎德桥(1969年建)、天平桥(1971年建)。

5. 公园方面。1956年,将位于龙眼洞广汕公路南侧火炉山下的山林建成华南植物园,面积达30万平方米。1957年,将位于员村黄埔大道和中山大道之间的原中山林场定为森林公园;1960年,改称东郊公园,面积55.29万平方米。1958年,将位于白云山南麓的山塘修建为人工湖,名为金液池(后称麓湖公园),面积25.1万平方米。

三、社会事业

1. 教育方面。1949年前,很多穷苦人家的孩子不能上学,或者只能上到三年级就退学务农了。中华人民共和国成立后,村村办起小学,小学从18所增加到30多所,孩子们普遍能上完小学。1958年后，各村（大队）都办起幼儿园、托儿所，基本满足入园要求。中华人民共和国成立前，天河地区只有一所位于东圃墟的番禺县私立禺东初级中学。中华人民共和国成立后，陆续办起5所中学。1950年，东圃墟私立禺东初级中学与番禺县立初级中学合并，定为县立第三初级中学，校址在东圃；1953年，划入广州市黄埔区管辖，改名广州市第十八中学。1952年，在石牌岗顶成立华南师范学院附属中学。1956年，在沙河墟建立广州市第七十五中学。1963年，在员村建立广州市第四十四中学。1969年，在龙眼洞建立广州市第八十九中学。

2．医疗方面。中华人民共和国成立前，天河地区没有一所社会医院，只有沙河墟、东圃墟有中草药铺，有坐堂中医。由于没有西医，牙疼只能用填塞食盐止疼，所以有"牙疼惨过大病"之说。1949年后，村（大队）成立卫生站。村民小病可以不出村，就近治病。公社设立卫生院，天河地区有沙河卫生院，1963年设立；还有东圃公社卫生院，1962年设立。此外，社会上开始设立大型医院。如：1953年设立位于登峰的广州市胸科医院，1964年设立位于员村的广州市员村工人医院（今广州市第六人民医院），1971年设立位于石牌岗顶的中山医学院附属第三医院。

3．文化方面。1949年前，天河地区没有文化设施。村民的文化活动主要是逢年过节上演大戏（粤剧），戏棚往往是在公众地方临时搭建的。此外，还经常举办各种"神诞""庙会"等传统活动，如北帝诞、观音诞、拜七姐、抬着北帝神像（行宫）游行等神诞庆祝活动。1949年后，文化活动在党和政府的领导下进行，各村（大队）建立文娱组，积极宣传党的方针政策。社会上开始设立大型文化场所，有1952年建成的沙河影剧场，1958年建成的东圃影剧场，1965年建成的员村工人文化宫。

4. 体育方面。1949年前，天河地区没有体育设施。民间体育活动有武术、醒狮、赛龙舟、举重、象棋等传统项目。1937年2月，中山大学举办迁校后首届校运会，除该校师生参加外，石牌、长湴、龙眼洞等8乡共400多名农民运动员也参加了比赛。1953年冬，禺东区各乡联办首届农民运动会，为期一天，地点在石牌村原牌坊旁边，比赛项目除跑步等田径项目外，还有举石担等民间传统项目。除学校体育场地外，天河地区最早的体育场地为1958年建成的员村工人文化宫内的体育场地，有游泳池、篮球场、溜冰场、乒乓球室。

四、生活设施

1. 饮用水方面。中华人民共和国成立前和成立初期，村民饮用井水或河水。家庭多用大水缸储水，水缸中还放养大蚌，以净化水质。1959年和1961年，员村水厂和车陂水厂先后建成，东圃地区农村开始饮用自来水。沙河地区靠近广州城区的农村，20世纪60年代初在大街上设公共自来水供应站，村民挑自来水回家饮用；70年代初，自来水开始安装入农户。

2. 照明方面。中华人民共和国成立前和成立初期，农村用煤油灯照明。有的家庭穷，只能使用"光香"（用小竹枝蘸松香制成）照明。1958年人民公社化时期，开始使用电力照明。

3. 住房方面。中华人民共和国成立前，天河地区最高规格的住房是"三间两廊"，其布局是一厅、二房、二廊、一天井，瓦顶平房。一般百姓只有一厅一房一走廊一天井一厨房的格局；走廊设在入门处，用来放置锄头、箩筐等劳动工具，厨房堆放柴草；没有厕所和洗澡房。中华人民共和国成立后，村民的居住条件不断改善。从20世纪70年代后期起，村民开始建砖瓦房，不再是泥墙屋了。

4. 家庭用品方面。中华人民共和国成立后，人们在解决温饱问题之后，逐渐开始添置家庭用品。购买的品种随年代而不同：20世纪50—60年代，购置单车（自行车）、三轮车、衣车（缝纫机）、收音机等；70年代购置电风扇、衣车、手表、衣柜等。当时，组建一个家庭最好能有"四转一响"，"四转"指电单车、风扇、衣车、手表，"一响"指收音机。

五、经济收入

中华人民共和国成立前，村民的经济收入几乎全部来自农田收获。天河地区农民少地，田租沉重。如：据1950年土地改革运动前统计，沙河、石牌地区，共有农业人口1.8008万人，土地2.3344万亩。其中地主655人，占农业人口的3.6%，占有土地1.4548万亩，占全部面积的62%；农民1.5022万人，占农业人口的83%，占有土地0.507万亩，占全部面积的22%。黄村田租最重，为六成多。林和村的地租一般是每亩每年三担左右，而一亩地的收成也不过是五六担。一家四口人，一年收入约500千克稻谷。因此，村民除耕种外，要靠挖药材、砍柴等副业来维持生计。即使天寒地冻、风雨交加，他们也要到离村十几千米的地方找寻药材、柴草；午餐吃着早上带出来的冷饭冷菜，有的还要背着小孩同去。找到药材或柴草后，他们还要挑到市场出卖，才能换回米粮。所以，村民终年辛辛苦苦，只能够维持最低的生活水平。柯木塱村涂氏有户贫困了几代的人家，给儿子取名为"富未"。父母叫儿子时，就大声呼叫："富未？富未？"意思是质问上天，责问命运，我们已经勤俭了几代，依然贫穷不堪，到底什么时候才富贵？

中华人民共和国成立后，人们的生活水平迅速提高，开始过上温饱的生活。1959年到1961年，受三年经济困难影响，群众生活水平下降。1966年之后，因生产单一，人们的生活水平提高不快。当时实行工分制，按照工分分红。最强劳动力每天10分，最低劳动力每天5分。1968年收入最低时，每个工分分红为4分钱。当时4分钱刚好能买一条雪条（北方人称之为冰棍），故人们戏称为"雪条队"。当年，一位小学老师看见他的学生用铅笔写字，错了就用口水抹擦，于是拿出两分钱给他，要他买橡皮擦。第二天，这个学生依然照旧。老师问："橡皮擦呢？"学生回答："我用来买腐乳吃了。两分钱买了两块腐乳。我很想吃腐乳，但家里没钱买。"天河地区村民1955年平均收入为52元，1960年为80元，1965年为120元，1975年为130元。

长湴村在中华人民共和国成立前，农业以种水稻为主，且村民多为佃农，收入单一、微薄，生活长期处于温饱线以下。中华人民共和国成立后，长湴村的经济收入不断提高。1955年，长湴村农民劳动力年平均分配80～100元。1956—1958年，农民劳动力年平均分配100～120元。1958年下半年至1961年，由于"左"的错误思想和自然灾害影响，造成农业减产。分配方面，人民公社建立初期，实行半工资半供给制，每人每月5元，供给制方面包括吃饭、医疗、子女读书等。1959年，农民劳动力平均分配206元。1962—1963年是国民经济恢复时期，这个时期主要是健全和稳定人民公社三级所有、队为基础的制度，恢复自留地和家庭副业。1963年，农民劳动力平均分配355元。1964—1976年受"四清"运动和"文化大革命"的影响，农民劳动力平均分配提高不多，在263～330元之间。1965年，全村6个生产队，农业总纯收入25.41万元，各队按59%～64%给社员分配，最高的生产队人均分配182元，最低的生产队人均分配138元，全村人均分配160元。1977年，全村总纯收入45.83万元，社员分配33.8万元，最高的生产队人均分配217元，最低的生产队人均分配150元，各队人均分配189元。至改革开放初期,村民生活基本达到温饱线。

六、领导关怀[1]

(一)毛泽东视察棠下农业生产合作社

1956年4月30日下午3时许,毛主席穿着一双浅口黑布鞋,手拿折扇,在陶铸等领导人的陪同下来到棠下村。社主任钟叙本把毛主席请进农业社办公室。毛主席坐在中央长凳上,广东省委书记陶铸、广州市长朱光、市公安局局长薛焰等省市领导人站在后面,合作社党支部书记梁富、合作社主任钟叙本坐在毛主席的旁边,合作社团支部书记钟燕妹坐在毛主席对面。其他人有的坐着,有的站着,共22人。毛主席亲切询问农业社干部生活和生产情况,陶铸打趣地说道:"现在是四级干部在一起。"毛主席说:"不,加上你和我,这是六级会议嘛!"此后,毛主席到棠下与干部群众的座谈,被称为"六级干部会议"。毛主席问乡党委书记潘湛:"你是基层党委书记,怎样干工作的?"潘湛回答:"第一是执行党的决议,贯彻党的方针政策;二是与群众同甘共苦,关心群众生活;三是搞好生产,增加群众收入。"毛主席听了点点头,并勉励大家:"当干部的要关心群众生活,多走群众路线,有事多和群众商量,把生产搞好。"

走出农业社办公室,毛主席一行沿着田基走去。合作社副主任钟文炳指着菜地里的作物介绍说:"这是藿香,这是黄瓜,那是豆角、生姜,一块田同时种4种作物呢!"毛主席听了说:"这样,土地的利用率就很高了。"

---

[1] 参考广州市天河区棠下村民委员会编:《棠下村志》,中华书局2003年版,第17—21页、第29—30页;中华书局2017年版,第152—155页。

水稻田边,毛主席详细了解试验田情况,当听到钟礼明介绍说这片两亩多的干部试验田一造计划收获800公斤时,他高兴地问道:"一造也可以收获这么多吗?"在田头,毛主席还接见前来参加勤工俭学劳动的中学生和在此地驻防的解放军战士。随后,毛主席沿着原路回村,路过种子仓库,查看种子储藏情况,赞扬保管员的细心工作。随后他视察了供销社,与供销社人员交谈。

4时45分,毛主席离开棠下村,视察过程一个多小时。

(二)周恩来总理视察棠下农业生产合作社

继毛主席视察棠下农业生产合作社之后,同年11月27日,国务院总理周恩来、副总理贺龙、广东省长陈郁等陪同金日成率领的朝鲜代表团到棠下视察。

下午2时左右,周总理一行来到棠下村,和棠下村干部一一握手问候。在田间,总理一行认真细致地察看牵引机耕作,并听郊区委书记杨佐生作介绍。金日成走到犁沟旁边,仔细地检查犁土的深度,用普通话问:"能耕多深?"周总理也弯下腰,亲自用手测量犁地的深度。杨佐生卷起衣袖,把手插入泥层,黑土直埋到手腕上。总理问:"一小时能耕多少地?"棠下农业社主任钟叙本答:"能耕五分。"几位领导询问起农业生产和群众生活情况等问题,并且勉励大家今后要努力对农具进行改革,要把革命和生产搞好,千万不要辜负毛主席的期望。公社的劳动模范叶焰波、钟燕妹代表公社把他们的劳动果实——香蕉、菠萝、柳橙等南方特产送给周总理和金日成等贵宾。

下午3时左右,周总理一行和在场的干部一一握手,并向送别的群众挥手告别。

(三)周恩来总理视察岑村大队

1972年4月7日下午2时许,周总理一行来到岑村大队,村大队支部书记何周迎上去。周总理远远便伸出手和何周握起来,并亲切询问何周和其他同志工作和生活情况,与大家拉家常,了解男女同工同酬情况。十来分钟后,马耳他总理明托夫也来到岑村,周总理连忙迎上去,大家一起喊着"欢迎欢迎!热烈欢迎!"的口号,高唱革命歌曲《天涯若比邻》。

周总理等人边说边走进大队部。何周书记指着岑村建设10年规划的沙盘模型汇报工作。周总理高兴地说:"一个贫穷落后的村庄,建成了社会主义的新农村,将来这里会建设得更好。"

村民黄沛洪抱着3岁的儿子在家门口的小巷中溜达时,正好遇上从大队部出来的周总理。周总理抱过黄沛洪手中的小孩,亲切地摸着他的头和手,一起走进黄沛洪家中。周总理与黄沛洪的家人一一握手,关心他们的生活情况。

随后,周总理一行来到岑村小学,透过教室的后门和窗口深情地看着孩子们上课。之后,周总理一行来到操场,跟着上体育课的孩子们做操,上伸、下弯、左右转身,引得孩子们开心地笑了。

在参观大队卫生站时,司徒医生对周总理说:"我们坚决贯彻总理指示,把医疗卫生工作的重点放到农村去。"周总理连连摇头说:"你不要说我,不要说我,是毛主席,是毛主席。"并嘱咐赤脚医生要坚持参加集体生产劳动。

路过岑村沙河粉工场时,周总理走进去,问候正在忙碌的大姐们,并询问沙河粉的制作过程和产量。随后,走进农户黄提的家中。黄提母亲给周总理递上一碗白开水,热情地说:"总理,饮茶啦!"周总理毫不犹豫地接过碗,一饮而尽,又关心地问小孩和家中的生活情况。

周总理一行还参观了岑村幼儿园、卫生院、大田、菜田等处。大田水稻一片青绿,长势良好,周总理看了连连点头称赞。

岑村有一处荒山当时已栽满果树,被称为花果山。周总理来到一棵高大的凤凰木树下,看着在桃林掩映下的山下村庄、稻田和鱼塘，深情地说："这儿是个好地方，将来会建设得更好。"周总理和外宾还参观了农机站。

下午3时多，参观完毕，周总理和干部社员一一握手告别，说："好好听毛主席的话，好好学习，好好工作。"随后乘车离开。

第二节 改革开放后新时代的发展

一、社会经济发展

（一）主要经济指标

1. 国民生产总值。天河区于1985年成立，成立前此地域大部分属于广州市郊区，故没有统一的经济指标数据。改革开放后，尤其是天河建区后，经济大幅增长，地区生产总值飙升。

1980—2020年天河区（天河地区）生产总值统计表

年份	生产总值（亿元）	年份	生产总值（亿元）	年份	生产总值（亿元）	年份	生产总值（亿元）
1980	0.43	1985	1.14	1990	3.99	1995	33.59
2000	89.17	2010	1 832.59	2015	3 432.79	2017	4 371.71
2018	4 608.8	2019	5 047.38	2020	5 312.79		

2. 产业结构。随着天河区由农村发展为城市，区产业结构总的趋势是：第一产业在全区生产总值中所占比例越来越小；第二产业向高新技术发展；第三产业则成为主要产业。这是天河区从城乡结合型向城市型转变的结果。

1985—2020年天河区产业结构变化表

单位：亿元

年份	第一产业		第二产业		第三产业	
	产值	占比	产值	占比	产值	占比
1985	0.4087	35.73%	0.3037	26.54%	0.4312	37.73%
1990	0.8868	22.26%	1.7751	44.54%	1.3231	33.2%
1995	1.9996	5.95%	10.3254	30.74%	21.2607	63.30%
2000	1.1777	1.32%	30.7908	34.53%	57.2015	64.15%
2010	2.89	0.1%	272.55	14.9%	1 557.15	85.0%
2015	1.46	0.04%	420.97	12.26%	3 010.36	87.70%
2017	0.47	0.01%	363.77	8.43%	3 953.47	91.56%
2018	0.22	0.005%	324.55	7.04%	4 284.05	92.95%
2019	1.18	0.02%	400.72	7.94%	4 645.48	92.04%
2020	2.78	0.05%	394.1	7.42%	4 915.91	92.53%

（二）农业

1. 水稻。天河地区本是农村，长久以来，天河地区以种植水稻为主。改革开放后，农业生产实行自主经营，从20世纪80年代开始，水稻面积逐渐减少，蔬菜面积不断增加。1990年，水稻种植已东移到龙眼洞、岑村一带。是年，水稻种植面积7 266亩，仅占农作物总面积的35.6%，总产量从1985年的5 949吨减少到1990年的5 462吨。至1999年，全区水稻种植面积仅203亩，相当于1990年的2.8%。2000年以后，全区不再种植水稻。

2. 蔬菜。天河地区因位于广州老城区东郊，为了供应城市居民，近郊一带有种植蔬菜的历史。从1978年8月起，蔬菜产销政策放宽。1984年11月，蔬菜产销政策实行全面开放。农民可按市场需要安排蔬菜生产，供应市场的蔬菜数量增多了，品种质量也提高了。1990年，石牌、棠下等12个村已成为"纯菜村"。是年，全区菜田总产值9 629.7万元，占农业总产值的64.2%。天河区生产的蔬菜除供应广州市外，还销往东莞、深圳、香港等地。随着城市化进程的加快，全区蔬菜面积和产量迅速减少，1991年至2020年，面积由16 875亩减少至8 545亩，总产量由12.71万吨下降至7.62万吨。至2019年，冬瓜、马铃薯、萝卜等重量大、价格低的品种渐渐被淘汰，叶菜和珍稀品种逐渐增加；全区种植面积9 300亩，产量0.7024万吨。

3. 水果。天河区水果的种植集中在3个地区：东部丘陵的黄村、珠村、吉山村和东北部丘陵的岑村和龙眼洞村，主要种植乌（白）榄、荔枝、柑橙、菠萝、青梅等。南部平原的沙河镇猎德村、石牌街、东圃镇的前进村、车陂街一带的沿江平原地区主要种植荔枝、杨桃、香蕉、果蔗、木瓜等。改革开放后，尤其是天河建区后，水果种植得到较大的发展。1990年，全区水果种植面积8 712亩；其中荔枝5 637亩、柑橙1 564亩、橄榄1 138亩、其他品种373亩。1990年后，天河区大量农田被征用，水果种植面积大幅度下降。1991年至2000年，面积由7 530亩减少至2 799亩，总产量由6 306吨下降至1 227吨。至2020年，由于城市化发展，水果种植比较集中的有前进村的杨桃公园300亩、珠村荔枝基地250亩、龙眼洞龙眼基地200亩、吉山橄榄基地300亩，共

天河区蔬菜种植业曾经很发达。图为1991年猎德村农民头戴草帽、光着上身在田间种植蔬菜

1 050亩，总产量285吨。

长湴村在改革开放后，利用广州市近郊的地理优势，农业以产粮为主转向以种植经济作物——蔬菜为主，成为"菜篮子"，由交公粮任务转为定量向市区农贸市场供应新鲜蔬菜任务。1983年，全村水稻种植379亩，亩产300千克，总产2 274担；蔬菜种植面积达历史最高值780亩，亩产4 894千克，总产7.63万担；花生（食油原材）种植143亩，亩产125千克，总产3 575担。1993年，全村蔬菜种植525亩，亩产9 250千克，总产值688.93万元，为历史最高值。

（三）工业

1. 乡镇企业。实行改革开放政策后，天河地区提倡多渠道发展工业，区、街、镇、村工业迅速发展；政府各部门纷纷自办工业；个体私营工业迅速兴起。到1984年，天河地区工业总产值达6 114.97万元，比1980年的2 858.78万元翻了一倍多。天河建区后，全区工业发展更快。1990年，全区工业总产值达43 717万元。全区工业中，以乡镇企业、街道工业为主，特别是乡镇企业，占全区工业总产值的70%以上。办厂开始的五六年还赚了不

20世纪80年代员村工业区，四周是一片绿色的田野

少钱，但随后由于缺乏经营管理现代企业的人才和传统固有的管理经营模式限制等原因，至20世纪90年代中期，区、街、镇、村工业企业纷纷倒闭。其中较早关闭的有东圃镇属宝生机器厂，原生产洗衣机配件，因亏损于1990年7月关闭。随后关闭的还有辉煌一时的沙河镇造纸厂。该纸厂位于猎德，1989年投资650万元更新设备。由于不懂技术等原因，引进的是过时设备，1990年产值152万元，亏损140万元，1992年宣告破产。1992年棠下村投资400万元兴办的核电子秤工厂，曾被新闻媒体一再赞扬，但三年后就亏损破产。车陂村引进一套30多万元的科技设备，一直没用上，三年后被迫折价以3万元出售。沙河镇被迫相继关闭曾经红火一时的造纸一厂、造纸二厂、针织印染厂、红木家具厂、天河食品厂、农械厂、印刷厂等企业。1992年，天河区属企业已欠债260万元，连同借款在内，达1 000多万元。于是各级采取"退二进三"（减少第二产业工业，增加第三产业）经济战略，防止企业继续亏损。1998年，天河区委、区政府进行彻底的企业改革，实行政企分开，政府不再办工业企业，国有资产退出企业经营，改为物业管理。

2. 驻区工业。驻区工业主要有员村工业区和车陂的广州氮肥厂。员村工业区始建于1957年底，至1962年基本建成。区内的工厂有广州无线电厂、广东罐头厂、广州化工厂、广州绢麻纺织厂、广州化学纤维厂、广东玻璃厂、广州第二棉纺厂、珠江造纸厂、南方面粉厂等9家，累计占地188.6万平方米，职工人数达2.37万人。1991—2000年，天河区从城乡结合区迅速发展成为广州市现代化中心城区，高级商住小区迅速建成，天河区已不适宜办大中型工厂。1993年3月17日，广州绢麻纺织厂由于管理不善，大量枣红色的染料废水流入珠江，被市环保局通报。1995年起各工厂逐步减产，直至停业或搬迁。最先停业的是大型国有企业广州绢麻纺织厂（2000年），随后是广州第二棉纺厂（2007年）、广东罐头厂和广州化工厂（2008年）、广州热电厂（2009年）、广东奥联玻璃厂（原广东玻璃厂）（2012年）、南方面粉厂（2013年）。2010年，广州市委、市政府通过《琶洲—员村地区控制性详细规划》，明确将员村地区6平方千米的土地作为珠江新城中央商务区的延伸区，原工业区将改为商务区、住宅区，集餐饮、娱乐、文化艺术创意、商业服务于一体。2012年，广州市政府开始规划广州国际金融城，同时广州昊天化工厂、员村热电厂、广东玻璃厂、虎头电池厂、车陂水厂五大厂开始平整土地。2014年，广州市政府在此兴建国际金融城起步区，工业区消失。

广州氮肥厂（简称"广氮"）位于广深铁路车陂站西北面，筹建于1958年"大跃进"时期，1962年正式投产，是化工部四个直属大厂之一，占地面积1平方千米，建筑面积33.2万平方米。1990年，广氮有职工5 986人，有造气、合成等17个车间，1个仪表仪器分厂，有职工医院、中学、小学各1所，主要生产尿素、碳酸铵、硫酸、液氧等化肥和化工原料，共18个产品，是华南地区规模最大的一家国营氮肥厂。1995年起，广氮严重亏损，无法清偿到期债务，银行停止贷款，生产经营难以为继，原由工厂所有的货运码头、转运中心、大型水厂等固定资产相继被卖，厂区渐渐缩小。工厂先是由化工部下放到省里管理，再下放到市里。从1998年起，厂里开始清退员工。2000年4月，除一个车间几百人由番禺一家化工厂接手外，其余员工下岗。2000年4月，市政府常务会议通过关闭广州氮肥厂的方案。是年，该厂固定资产2.5亿元，总负债5.2409亿元，其中大部分为银行债务，这是广州有史以来关闭的最大国有企业。之后，广氮地块成为广州市政府的大型储备地块。

长湴村于改革开放后，先后开办木薯粉厂、电镀厂、五金厂、农机站、养猪场等。20世纪90年代后，将各生产队的土地所有权收归村委会，大规模开发商业"筑巢引凤"，向政府申请集体所有红线留用地约750亩，开发以出租物业为主要经济模式的项目，共约21万平方米，总价值约3亿元，包括白沙水、矮岭和黑圯3个工业区。白沙水工业区，1995年建成，占地11.48万平方米，厂房主体建筑41栋，厂房面积10.58万平方米，2020年员工有2 000多人。矮岭工业区，1996年建成，占地8 600平方米，厂房主体建筑5栋，建筑面积1.02万平方米，2020年从业人员300多人。黑圯工业区，1998年建成，主要用作仓库，占地1.19万平方米，厂房主体建筑20栋，建筑面积6 612平方米，从业人员约1 000人。3个工业区吸引了包括五金、印刷、电子、制衣等类型的中小型企业入驻。

（四）商业、服务业

改革开放后，天河区商业和服务业得到较大发展。商品流通领域出现以国营商业为主导，多种经济成分、多种经营形式、多样流通渠道并存的局面。随着天河地区城市化发展，商业网点迅

繁华的天河路（司徒达俏，2020年摄）

速扩大。特别是1985年天河建区后，商业贸易迅猛发展。20世纪90年代，大搞"马路经济"，即在主要马路两边开设商店、"大排档"（餐饮店）。石牌岗顶马路两旁密密麻麻都是商店。沙东村将沙河西支涌覆盖，上面建成商业街。1990年，全区社会商品零售总额129 706万元，商业系统销售总额34 247万元，市场贸易成交总额58 443万元。至2000年，分别增长到735 690万元、120 452万元、869 380万元。10年间年平均增长率分别为22.73%、17.45%和33.2%。

2020年，天河区社会消费品零售总额1 781.43亿元。全区规模以上营利性服务业营业收入2 896.04亿元，其中互联网和相关服务、软件和信息技术服务业营业收入1 890.77亿元，其他营利性服务业营业收入1 005.28亿元。2020年，全区有广州建国酒店、嘉逸国际酒店、丽思卡尔顿酒店、圣丰索菲特大酒店等五星级酒店共6家，四星级酒店有燕岭大厦等8家，三星级酒店24家，有潮皇食府等国家级五钻酒家17家。快递、快餐行业发达，电子商务经营兴旺。天河中央商务区获评全国最具活力CBD、发展创新范例绿色CBD，集中了121栋甲级写字楼，其中纳税超1亿元的楼宇71栋，纳税超10亿元的楼宇17栋。企业数量超7万家，其中广州市认定的总部企业108家，占全市总量的四分之一。

抗日战争革命老区根据地长湴村于改革开放后，先后开办酒店、商场、购物中心、综合市场。至2020

位于长兴路的长湴综合市场（2018年11月摄）

年,长湴村主要有嘉福利晶酒店、高德汇(优托邦)购物中心、长湴综合市场等。嘉福利晶酒店于1998年筹建,占地2.5万平方米,建筑面积1.3万平方米,村出资1 600万元,2001年建成投入使用;为二层楼房,内设宴会大厅2个,卡拉OK酒城和沐足厅各1个,厅房62间;有员工500多人。大中型商场高德汇(优托邦)购物中心于2011年建成运营,占地1.57万平方米,营商面积5万平方米,合作方为高德置地集团有限公司。长湴综合市场于1997年设立,占地2万平方米,设档位120个;2005年升级改造后,有33个临街铺位,每间40平方米,另有档位108个,包括菜档、水果、肉类、鱼、烧腊、鲜鸡、冰鲜、干杂等种类;2013年再升级改造,翌年恢复运营,建筑面积达3万多平方米,档位总面积1.8万平方米,设2层,有商铺109间、场内摊位281个。村落市场变身为城区市场,且成为广州市数个大型综合市场之一。

(五)物业

物业是指建立工业园、科技园、仓库、酒店、商场、市场等建筑,通过出租,收取租金。

1988年11月,广州天河高新技术产业开发区建立。1997年5月,开发区更名为广州高新技术产业开发区天河科技园,转由天河区管辖。1999年9月,成立广州天河软件园管理委员会,与天河科技园管委会合署办公,一个机构、两块牌子。2001年,天河软件园被列入国家级软件基地,园区面积不断扩大。2002年,园区面积

位于广汕公路的天河科技园高唐区(2018年摄)

为12.4平方千米，由22个分园组成，包括3个核心园区：位于天河公园东侧、占地面积0.3平方千米的科韵路园区，是发展高新技术产业的重要基地（1991年9月始建，1993年10月建成）；位于天河北路、占地面积0.2平方千米的广州国际科贸中心，是功能齐全的常设市场（1992年11月始建，1997年1月建成）；位于广汕公路柯木塱、占地面积6.69平方千米的高唐区，是管委会总部和大型企业生产基地（1992年11月始建，1998年10月建成）。此外，还有众多园区：棠下园区、金山园区、华景园区、高科大厦园区、天河购物中心园区、天诚广场园区。

园区经济发展指标直线上升。2020年，天河科技园完成技工贸总收入2 638亿元，比上年增长8%；天河软件园完成软件业务收入1 280亿元，比上年增长12%；园区共有企业1 962家，其中已认定为高新企业的有996家。

（六）财政收支

1985年天河区成立，经广州市核定，郊区划转天河区的财政收入基数为1 988万元。当年是建区第一年，即实现财政收入3 367万元，比基数增长69.4%。此后，随着天河区社会经济快速发展，财政收支也大幅增加。

2019年，全区完成税收收入877.58亿元。其中，增值税、企业所得税分别实现收入320.02亿元、300.93亿元，现代服务业税收收入634.99亿元，四大主导产业实现税收收入474.71亿元。一般公共预算收入77.12亿元，增长4.5%，其中，城建税12.33亿元；企业所得税8.91亿元；房产税8.53亿元。一般公共预算支出（含市资金）151.13亿元。区级一般公共预算支出139.92亿元，增长7.4%，其中，教育、城乡社区、一般公共服务、公共安全和卫生健康支出分别为37.44亿元、28.42亿元、17.36亿元、16.23亿元和13.16亿元。

1985—2020年天河区一般公共预算收支表

单位：亿元

年份	收入	支出	年份	收入	支出
1985	0.3367	0.1314	2015	61.85	87.23
1990	0.8883	0.5395	2017	70.04	124.08
1995	2.9351	3.31	2018	73.8	144.36
2000	8.9491	11.3469	2019	77.12	151.13
2010	38.14	42.04	2020	76.23	147.88

二、环境面貌

天河地区历史上是农村，直至20世纪80年代，天河地区还到处是田野，两车道宽的中山大道和黄埔大道就像田野大盘中两根长长的筷子。20世纪90年代后，随着广州市城市建设迅速东进，天河区的耕地以平均每年1 000亩的速度锐减，10年间，耕地几乎被征用完毕。天河区的环境面貌发生了全新的变化，日新月异，由市郊农村演变为广州市现代城市新中心区。

1949年前的天河地区，中山公路两旁尽是农田。中山公路建成于1925年，初名黄埔大道，由省港大罢工工人修建，由广州东山口至黄埔港，全长20.71千米。后因纪念孙中山而改名

（一）建成珠江新城

珠江新城位于广州大道以东、华南快速干线以西、黄埔大道以南、珠江以北，面积约6.6平方千米，其中珠江堤岸4千米，有海心沙小岛一个，面积1平方千米。自1992年起，广州市政府开始投资建设珠江新城。1994年10月15日，广州市政府在此举行基础工程开工典礼。2000年6月，广州市政府将珠江新城确定为广州市21世纪中央商务区。至2000年，珠江新城主干道已经建成，包括临江大道、华夏路、花城大道、马场路等，面积约17万平方米。已经建成的大型建筑有：省检察院大楼、市检察院大楼、省出入境检验检疫局、红线女艺术中心等；已经建成的大型高档住宅小区有：星汇园、漾晴居、丽晶华庭、海滨花园、南国花园、金骏大厦、安骏大厦、汇豪大厦、君怡大厦、新大厦、名门大厦、南天广场、远洋明珠大厦等。2010年9月26日，市政府举行新闻发布会，正式宣布珠江新城核心区地面广场命名为"花城广场"；11月，第十六届亚运会开幕式在珠江新城的海心沙举行；2011年5月18日，广州市政府公布"羊城新八景"，"塔耀新城"排名第一，"塔"是指广州塔，即"小蛮腰"，"新城"

1994年的珠江新城还是一片菜田

第五章 中华人民共和国成立后的建设发展

花城广场（黎裕衡，2016年摄）

是指珠江新城。这些事件，标志着珠江新城的全面建成，比市政府制定的2015年全面建成的计划提前了4年。2020年，珠江新城汇集K11购物艺术中心、天汇广场、花城汇等6个大型商业综合体，周边有广东省博物馆、广州大剧院、广州图书馆等大型文化设施及瑰丽、四季等10家国际品牌酒店，还有67家总部企业、35家外国领事机构、超百家世界500强项目机构和超千家港澳投资企业。

（二）天河体育中心建成

天河体育中心原址为天河机场，始建于1929年12月，为当时国民革命军第八路军航空处所建，因该处土地主要属于天河村而得名。广州沦陷期间（1938年10月至1945年8月），天河机场被日军占领，并强占附近的天河、杨箕、冼村、石牌、林和等村农田扩建机场。1949年10月广州解放后，天河机场先后成为空军机场（1949.12—1950.10）、民航机场（1950.10—1959.12）、空军机场（1959.12—1967）。自1968年起，因广州城市发展，这里因

天河体育中心在兴建前是废弃的机场，用作仓库。图为原天河机场残迹。圆拱形的飞机库已改作仓库（1984年摄）

太靠近市区，不适宜作为机场，于是天河机场改为物资仓库。1982年6月，国家体委批准广州承办全国第六届运动会（简称"六运会"），省、市领导决定在这里建设新的体育场馆。以前，广州市的体育场馆，如足球场、游泳馆、体育馆是分散在各处，现在把它们都集中在一处，故称体育中心。天河体育中心位于天河路，1986年落成，占地面积58万平方米，周长3.8千米，总建筑面积12.47万平方米，由广州市政府投资3.1亿元兴建。其主要建筑有体育场、游泳馆、体育馆三大场馆。体育场可容纳6万多名观众。附属建筑设施有足球训练场2个，网球场12个，网球馆、田径副场、球类

天河体育中心（黎裕衡，2019年摄）

练习馆、体操技巧馆、棒垒球场、大型旱冰场各1座，此外还有办公大楼和新闻中心等。1987年11月20日至12月5日，六运会在这里举行，党和国家领导人出席了开幕式和闭幕式。

（三）天河路商圈形成

自20世纪90年代起，天河区城市建设发展迅速，在国有和集体商业日趋萎缩的同时，社会商业迅速发展。众多大型商家在天河路建立各类商铺，称为天河路商圈。至2000年，天河体育中心一带商业圈占地面积5平方千米，平均日客流量30万人次，节假日达70万人次。2020年，天河路商圈商业面积达240万平方米，日客流量峰值达400万人次，成为广州"千年商都，购物天堂"最璀璨的一道风景线。

1986年，天河体育中心建成，次年举办六运会，一举成名。六运会后，天河体育中心不仅是体育竞技场所，还是广州最高档的文艺表演中心。那时，是开放改革后港台歌曲流行的时期，几乎每周都有港台歌星在天河体育中心的体育馆举办演唱会，数万

繁华的石牌岗顶（2017年摄）

观众热情追捧。1999年6月，地铁一号线开通，天河体育中心周边就有2个站。地铁是城市交通中最快速、最安全的出行方式，广州人争先恐后地尝鲜，坐地铁去天河看港台歌星演唱会成为人们最时尚的享受。如此一来，天河就成为广州人气最聚集的地方。

商家紧追人气，天河路商圈很快形成。先是1994年广州购书中心落成，这是当时广州市最大的图书批发零售企业，每逢寒暑假，成千上万的学生和家长来此挑选教学辅导书。之后，1996年地铁上盖的天河城以及周边众多的商场如雨后春笋般冒出来。其中，天河路北侧依次为广州购书中心、太古汇商场；天河路南侧有天河城广场、中怡时尚广百商场、天河商贸大厦城、正佳商业广场；体育东路有广州老字号广州酒家等一批高档酒楼；体育西路有维多利亚商业广场等商业点。另外，在体育西路的地下商场，建筑面积达2.3万平方米。这里别说是节假日，就是平时也是人流如织。其中，超大型购物商场天河城广场位于天河路208号，1996年8月建成营业；地面7层，地下3层，建筑面积16万平方米，总投资12亿元。商场主要有天河城百货和吉之岛两家大型百货公司进驻，并有众多时尚品牌专区。2012年，天河区全面启动天河路商圈的升级改造工作。2020年，商圈业态零售占比57%，餐饮占24%，商务配餐占9%，休闲旅游占8%，文化艺术占2%。

（四）进行旧村改造

天河区在1985年建区前，主要是农村地区。20世纪90年代后，随着广州市城市建设的迅速向东扩展，天河区迅速城市化，大量的农田被征用，现代化的高楼大厦如雨后春笋般拔地而起，天河区成为广州市繁华的新中心城区。但是，高楼大厦只是在原来的田野上产生，原有的村庄却基本上被保留下来，形成在高楼大厦包围中相形见绌的旧村，这就是人们所说的"城中村"。

20世纪90年代后,天河区各村普遍成为亿元村,村委会利用征地款改造村容村貌。至2015年,区各村街巷基本上都消灭了明渠,铺上暗渠;池塘建起围栏,四周铺砌排污渠;街巷道路完成了水泥化改造。大部分村落建有小公园,其中长湴、黄村、棠下、元岗、龙眼洞等村新建的公园,起点均向现代化都市看齐,不仅有小桥流水,还有亭台楼阁,成为人们休闲聚会的好地方。在旧村周边建新村,这是最早也是最普遍的形式。至2010年,全区已建成600多栋别墅式或公寓式的农民新型住宅。其中,前进村在村北建前进花园住宅小区,其中12层高的17栋,18层高的2栋;小区占地3.4万平方米,总建筑面积10.63万平方米,绿化用地1.48万平方米,绿化覆盖率43.5%。棠下村在周边建成15栋8层的村民公寓楼,共866套,总面积6.86万平方米。黄村建成18栋村民公寓,共3 225套,总面积10.5万平方米。银河村在村北兴建园岭山庄、梅园小区,共112栋,总建筑面积2.2万平方米,投入资金5 600万元。在旧村外面买地建新村。如沙东村在区东北部低山

位于凤凰山下的美丽乡村——沙东新村,成为省市的样板工程(2000年摄)

丘陵的渔沙坦村凤凰山下买地建设新村。新村依山傍水，环境秀丽。拆除旧村，重建新村。猎德村和林和村分别于2008年和2015年将原旧村全部拆除，重建新村。新村堪比现代高尚的住宅小区，电梯房、会所、花园等一应俱全。

长湴旧村的建筑多数是参差不齐，巷道成为"一线天""握手楼"，图为东街三巷二横巷（2019年4月摄）

抗日战争革命老区根据地长湴村也开始了环境建设。1980年，长湴村办了大型砖厂，全村出现第二次建房高潮。民居扩建增多，村统一规划两种规格：一厅一房一厨厕和四间两廊（二厅二房一厨厕）。第三次建房高潮是1990年，部分先富村民将旧房改建成3层以上水泥钢筋楼房。第四次建房高潮在1998年，楼房地基深一米多，框架式结构可建8层，一般建4~6层，造价每平方米600元左右。这时出现"城中村"规划无序的弊端，多为"接吻楼""握手楼"，通风采光差，排水排污零乱，空气环境甚差。

1991年，长湴村制定村庄建设规划，确定4处地块为村民住宅用地。1993年，将其中一处地块——老南岗、荔枝岗的山岗地推平，计划建516栋单家独院的别墅式住宅群，定名"长湴新村"。统一规划每栋（户）楼占地110平方米、楼体建筑面积70~75平方米，屋前小花园35~40平方米，楼高三层，楼层、标高和阳台式样，甚至包括供水、供电、通讯、排污、排水、道路建设等，均统一规划和施工。1997年首批楼宇建成交付使用，

2001年8月370栋交付居住，2002年末487栋全部完工，占地面积17.56万平方米，总建筑面积215.3万平方米，常住人口814户1 120人，为新型住宅小区。1996年中共广州市委、市政府授予长湴村"文明示范村"称号；2000年，长湴村被评为"广州市小城镇建设样板工程"，被省环保局评为"广东省生态示范村"。

（五）市政建设

1985年天河建区后，加快了城区市政建设。至2020年，天河区市政建设已经十分完善。

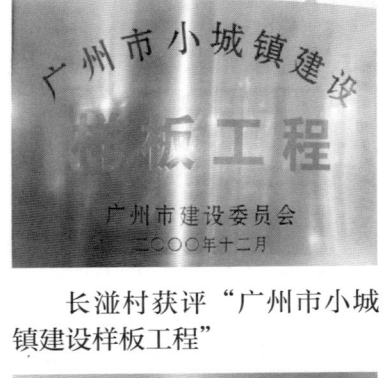

长湴村获评"广州市小城镇建设样板工程"

长湴村获评"广东省生态示范村"

长湴新村街巷整齐划一（2018年11月摄）

长湴村旧村中心主街巷——长湴南街（2018年11月摄）

长湴村的民居主体（2019年4月摄）

城区道路。东西走向的主要有中山大道、黄埔大道、天河路、天河北路；南北走向的主要有广州大道、大观路、珠吉路、东圃大马路、五山路。国道：广州大道、广从公路和沙太公路（旧广从公路）均接105国道，广汕公路接205、324国道（天河区境内有12.8千米），黄埔大道接107国道。高速道路：广深高速公路、广园快速干道、华南快速干线、环城高速公路。

桥梁建设。跨珠江大桥：华南大桥（主桥长410米、宽36米，1998年建成）、东圃大桥（桥长1 093米、宽32.5米，1998年建成），连同1985年建成的广州大桥（桥长1 130.5米、主桥长410米、宽23.7米），天河区连接海珠区的跨江大桥共3座。大型立交桥23座：环城高速公路黄村、沙河、元岗、大观东圃立交桥，广园路车陂、广园大观、华农、五山路立交桥，禺东西路立交桥，华南快速干线岑村、广汕、华农、黄埔大道、中山大道立交桥等。其中沙河禺东西立交群建成于2000年6月，总建筑面积17.5万平方米，是国内大型的立交系统。它以高架为主，共三层，工程总投资18亿元。

地铁建设。1999年6月28日，地铁1号线全线通车。至2020

第五章　中华人民共和国成立后的建设发展

1995年的东圃大马路

2020年的东圃大马路

年，连通天河区的有地铁1至7号线及21号线，纵横四方。

抗日战争革命老区根据地长湴村在1949年前，只有五条泥沙路可通村外耕作，一条简易公路经广汕路通市区。中华人民共和国成立后，村四周相继通公路。1963年沙河至龙洞首条公共汽车线路开通，经长湴村设站。1995年开通84路专线经村，1997年开通297路（至湖天客运站）、54路（至挹翠路），总站设在长湴村。1997年，建成城区东北部大型交通枢纽天河客运站，位于村子的西南侧；国道广汕

位于今天源路的地铁6号线长湴站

长湴东路（南端路口拍图），全长约900米，南北走向，是村东侧主要通道（2019年6月摄）

139

长兴路为城市一级次干道，东西走向贯通村南2千米，有12条公交线路途经并设站点（2019年6月摄）

公路南北贯通村中部。1999年建成通车的华南快速干线在村南设有南行出口；2000年扩建成长兴路，为城市一级次干道，在村南贯通东西，全长2千米；至2020年分别有12条公交线路途经长兴路并设站点。2013年末开通运营广州地铁6号线一期（浔峰岗—长湴），2016年末开通运营二期（长湴—香雪），在村子西南侧设"天河客运站"（3号线交汇站）C出口，村北设"长湴"AC2个出口。

长湴东路（中段），图左是长湴新村建筑群（2019年6月摄）

长湴东路北段，图左是长湴新村建筑群，图右是长湴公园正门（2019年6月摄）

（六）兴建公园

接收和办好天河公园。天河公园的前身最早是石牌林场，现在它位于中山大道270号，东临建中路，南接黄埔大道中，西邻天府路，北至中山大道西，面积约0.7平方千米。因该公园位于天河区，故名天河公园。天河公园以自然生态景观为主要特色，公园原属广州市园林局，1994年12月被天河区接收。

此外，天河区分别建成前进杨桃公园，占地约300亩；吉山橄榄公园，面积28.2公顷。2015年，吉山橄榄公园改为天河儿童公园。1999—2010年，先后建成火龙凤三山公园（火炉山、龙眼洞、凤凰山公园）。该景区位于区东北部的丘陵地带，包括火炉山、龙眼洞、凤凰山，以自然风光为主，成为一个集休闲、娱乐、游览的自然公园。

此外，还有驻区公园：位于珠江新城的广州市属珠江公园，位于花城广场珠江北侧的海心沙亚运公园，位于广汕一路233号的广东树木公园，位于兴科路723号的华南植物园，位于燕岭路的燕岭公园。

1929年，在原石牌林场的基础上修建公园，名石牌公园。1931年为纪念孙中山，公园改名中山公园，当时只是征地和修建了一个门楼和湖心亭

长湴公园西片区正门（2019年4月摄）

抗日战争革命老区根据地长湴村于1996年在村中心建成长湴怡乐园，占地4 700平方米，有3层楼房1栋，内设接待室、会议室、电视室、图书室及3个健身室、4个娱乐室、7个太极练功室，园内绿地面积4 000平方米。

1996年，在村北建成长湴小公园，占地1 300平方米。1999年建成长湴新村，内配套有2个中心花园，分别占地1 300平方米、4 700平方米，还有小型花园10个、小景点20多处；新村主干道及各街巷均有绿化带，共达3 500平方米，绿化覆盖率达30%。1996年，长湴村被全国绿化委员会评为"全国绿化造林千佳村"。

1998年始，长湴村投资4 200万元，在村东靠华南植物园原山冈坟地动工兴建长湴公园，占地160亩，建成前门广场3 000平方米，通花铁围墙约3 000米，内有人工湖3 000平方米，休憩亭1个。园内种植各类树木，绿树成荫；植被草地约1万平方米，路径约1.5千米。并相继加建园内建筑、园林艺术品、雕塑等，配置休闲公共场所娱乐设施，成为居民群众休闲游玩的好去处。

1996年3月长湴村获评"全国绿化造林千佳村"

三、社会事业

（一）教育

幼儿教育。改革开放后，尤其是1985年天河建区后，提倡各种途径兴办幼儿教育，出现了公办、企事业办、街办、居委办、村办和私人办各类幼儿园、托儿所。1985—1990年，全区幼儿园从36所发展到70所，入园幼儿从5 233人发展到12 557人；托儿所从10所发展到58所，入所幼儿从944人发展到6 608人，入园（所）幼儿占适龄幼儿的77.8%。至2020年，天河区有幼儿园217所，其中公办幼儿园39所，集体办幼儿园30所，民办幼儿园148所，在园幼儿3 567人。

小学教育。1980年下半年，区属公办小学开始"脱帽"，去掉初中和高中班，重新恢复纯小学教育，学制恢复为6年。1984年，天河地区普及小学教育。1988年，全区普及九年制义务教育。1990年，全区有小学54所。其中，公办34所，企事业单位

位于五山街的广州市第四十七中学（1994年摄）

广州市第四十七中学（2018年摄）

办20所，共有小学生22 031人，教职工1 447人，适龄儿童入学率100%。20世纪90年代经济大发展，天河区所有小学都建起楼房，告别"祠堂教学"阶段。至2020年，天河区有公办小学57所。区内适龄儿童全部入学，小学升初中升学率100%。

中学教育。1978年，在石牌岗顶建市第一一三中学。1979年，在广州大道北建市第一二一中学。1987年，建立区管的东圃中学。1988年，分别建沙东中学、登峰中学和天河中学。1990年，全区有普通中学13所，教学班258个，学生12 111人。2000年，全区有普通中学25所，教学班615个，学生26 314人。至2020年，天河区有公办普通中学17所，在校中小学生171 217人，其中华南师范大学附中为省示范中学。

改革开放后，抗日战争革命老区根据地长湴村的教育得到很大的发展：

长湴幼儿园（1997年10月摄）

幼儿教育。1987年，长湴村拨款20多万元重建幼儿园，常设大中小3类班，在园幼儿180多人。1992年，长湴村拨款100多万元改建幼儿园，此时该园占地面积1 950平方米，建筑面积1 613平方米，可容纳幼儿200人，教室、功能室及活动场地、教具和设备等配备齐全，成为一所设备完善的标准幼儿园。2004年，村幼儿园承包给有资质的承包人

长湴小学（2018年11月摄）

运营，独立核算、自负盈亏，自选师资、自选生源、自定收费标准，村民子弟入园同等条件优先。2020年，村幼儿园有教职员工27人，在园幼儿300多人。

小学教育。从1992年起，长㴪村先后投资1 300万元建成5层教学大楼1栋。学校得到上级教育部门的重视和社会各界的好评，重视引进人才提高教学质量，营造优良的教学环境，各科室全部配置多媒体电脑，建成全国农村小学面积最大的生物园，有小学校标准化跑道及足球场，有电脑室、语言室、美术室等。1995年，长㴪小学被评为市级一类学校、省市达标绿色学校；2000年，被评为全国绿色小学、全国第二间绿色实验基地。2020年，长㴪小学占地面积2.19万平方米，有教学楼1栋、教室24间，总建筑面积8 256平方米，体育场地（包括篮球场、足球场）面积4 344平方米；设一至六年级23个教学班，在校学生900多人，其中村民子弟400多人。

长㴪小学集会（2018年9月3日摄）

中学教育。20世纪90年代开始普及九年义务教育，所有学龄儿童均能受到初中阶段教育。1999年，在村域内的乐意居花苑建成长兴中学，村子弟可就近读初中，高中班仍要到近地就读。村委会每年共投入数万元支持该校的教育事业。

长兴中学（2001年3月摄）

1990年始,村委会设奖学金,对村民子弟凡考上高中、职中的,一次性奖励500元,考上全日制院校(包括大专、本科)的奖励1 000元;2018年始奖学金分别调整至1 000元、2 000元。

(二)医疗

改革开放后,逐步允许个体医生开业行医,个体医疗单位也逐渐增多。至1990年,经天河区卫生局注册的个体诊所有24间。在个体医生当中,不少是大型医院的教授专家。例如知名度较高的广州华侨医院退休教授邝公道,在天河开设了矫形外科中心,颇受群众的欢迎。1990年,天河区有区属医疗单位4个,省、市属大医院5家,驻区工厂企事业、大专院校科研单位和驻地部队办的医院、卫生所等168间。2000年,天河区辖区内有省、市属大型医院7家,区属医院6家,社会力量办医疗机构216个,农村卫生站22个,平均每万名居民拥有医生数0.28名。

至2020年,天河区有各级医疗卫生机构867个,包括53家医院、802个基层医疗卫生机构、9个专业公共卫生机构、3个其他卫生机构。省属三甲医院有中山大学附属第三人民医院、暨南大学附属第一医院等,市属二级医院有广州市第十二人民医院。

位于石牌岗顶的中山医科大学附属第三人民医院(2010年摄)

位于员村的天河区中医院(2010年摄)

医疗机构床位数共1.36万张，社会办医院床位数共3 068张，医疗卫生机构总诊疗量1 906.81万人次，住院人数38.59万次，天河区居民基本上购买了医疗保险，看病、住院均有报销。

长湴村卫生站，即长兴街社区卫生服务中心（2018年11月摄）

改革开放后，抗日战争革命老区根据地长湴村的医疗事业迅速发展。2000年后，村卫生员改为乡村医生，村民一般小病不用出村看，大病、手术才到与村挂钩的大中型医院。2002年，村委会（甲方）将村卫生院发包给有医疗资质的集体承包人（乙方），乙方按上级卫生部门要求进行运营。2006年始，长兴人民医院以租赁形式使用村卫生院并作为长兴人民医院的附属，村民凭合作医疗证，可免挂号费，并按广州市合作医疗规定报销医药费。

1976—1980年，合作医疗基金为每人每年12元，在村看病只交1角钱挂号费，药费免收，在村外挂钩医院看病报销50%。1981—1990年，合作医疗基金为每人每年24元，医药费报销如前。1991—2001年，合作医疗基金为每人每年50元，在村和到挂钩医院看病，医药费报销50%。从1995年开始，每年为全体村民体检一次，另增加对妇女、儿童体检一次。村卫生站配合做好防疫和儿童免疫等防治工作。从2000年开始，广州市推行医疗保险（简称"医保"）制度，村民都购买医保卡，凭卡到指定公立医院看病，村公司给予补助，按医保和村公司规定报销定额费用。2004年，全村合作医疗补贴、药费报销共支出167.457万元。从2010年开始，村公司统一为村民购买医保，以前由个人购买的，村公司给予补助。从2016年开始，村公司为每位村民发放合作医疗费150元/年，每月医疗补贴50元。

（三）文化

改革开放后，1985年建成天河体育中心体育馆（大型演唱会地点），1986年建成位于登峰（当时属天河区）的广州市老干部活动中心，1987年建成位于登峰的广州市儿童活动中心。此外，建成区、街、社区（村）三级文化馆（站）。社区（村）民间粤曲社活跃，经常在祠堂里活动。20世纪90年代家庭有线电视普及后，电影院开始冷落。2010年后，电影院又开始兴旺起来。这时的电影院营业方式已经由一个大影院改为几个影厅（如天河娱乐广场影院就有8个影厅），每个影厅约有150个座位，放映电视节目没有的电影，还可以放映3D立体电影，环境优雅，效果逼真，观众较多。

姑娘乞巧拜巧姐（2005年摄）

车陂龙舟赛（2016年摄）

至2020年，天河区规模以上文化企业747家，营业收入1 633.89亿元，区内有广东歌舞剧院、星海音乐学院、广东省博物馆、广州图书馆、红线女艺术中心、广州歌舞团、广州话剧团等文艺单位和文化设施。珠村成为全国乞巧村，珠村乞巧被列入全国非物质文化遗产名录；车陂龙舟被列入广东省非物质文化遗产名录。区内大型文物建筑有十九路军淞沪抗日阵亡将士陵园、中山大学石牌旧址建筑、银河革命公墓、刘氏家庙等。

改革开放后，抗日战争根据地、革命老区长湴村的文化事业得到进一步发展。1994年，长湴村

长湴村怡乐园与长兴街文化站合并功能（2018年11月摄）

委会拨款150多万元，建成长湴村文化娱乐活动中心；活动中心占地近5 000平方米，建筑面积2 000余平方米，设有老人活动中心、图书室、妇女活动室、卡拉OK歌舞厅、党员电教室、长湴乐社活动室等活动场所。其中图书室有100多平方米，藏有图书报刊2 000余册；卡拉OK歌舞厅配置新潮实用设施，后又添置高级音响设备。1996—2001年，长湴村文化室被评为区、镇先进文化室，2001年被评为广州市十佳文化室。2015年，长湴村怡乐园与长兴街文化站合并功能，完成新的整合。

（四）体育

改革开放后，天河区于1985年建成天河体育中心，其主体建筑是一场两馆，分别是6万个座位的运动场，8 628个座位的体育馆，3 000个座位的游泳跳水馆。1987年11月20日，中华人民共和国第六届运动会在此举办。2001年建成的广东奥林匹克体育中心，拥有8万个座位，同年11月全国第九届运动会在此举行；2002年，"五环晨曦"被评为新世纪羊城八景之一。区内还有1996年建成的市属广州市伟伦体育运动学校。

天河体育中心（2018年摄）

广东奥林匹克体育中心（2010年摄）

长湴公园旁的4个标准篮球场（2018年11月摄）

2020年，全区共有体育场地3 723个，总面积330.64万平方米。区内有龙舟竞渡、横渡珠江、全民健身月系列活动等多项赛事。

2020年，长湴小学校园内有足球场、篮球场和乒乓球台；长湴公园有篮球场、乒乓球台和公共健身器械，为村民体育爱好者提供了练习和娱乐健体场地。长湴公园和邻近的华南植物园空气清新，是村民健身休闲的好去处。

四、生活设施

饮用水。20世纪70年代初，自来水开始安装入农户。龙眼洞、长湴、元岗等村至80年代初开始用上自来水。至1995年，全区包括较边远地区的岑村、柯木塱、渔沙坦、新塘等村，均用上自来水。至2020年，家庭饮用水多用矿泉桶水或过滤后的自来水。

用电。自20世纪80年代起，经济腾飞，电力开始供应不足，一周有一两天停电；2000年之后，停电减少；至2020年，电力供应充裕。

住房。自20世纪70年代后期起，村民开始建新房，特别是改革开放后，农民建新房的逐渐多起来。90年代后，随着出租屋需求量增大，许多村民重建住房，将楼房增高至6层，个别达9层。由于楼层增高，形成街巷狭窄、黑暗，有"握手楼""一线天"的说法。但室内装修现代化，配置现代家居、电器设施。房屋在满足自家需求外，大部分为出租屋。在此期间，许多村都建起农民新村（农民公寓楼），由村委会分配给社员购买。猎德、林和、潭村、甲子村整体拆迁，村民告别以往"城中村""握手楼"的居住环境，住上住宅小区的高层电梯房。2001年后，城镇干部职工

二十世纪六七十年代的新塘村村屋（2000年摄）

多数居住在单位分配的宿舍，部分富裕的人们开始购买商品房。2020年以珠江新城的房价最高，均在每平方米10万元以上，位于临江大道的汇悦台均价每平方米19万元。区内出现骏景花园、天鹅花园、中海康城等10余个超万人居住的小区。

家庭用品。人们在解决温饱问题之后，逐渐开始添置家庭用品。改革开放后，20世纪80年代购置收录机、录放机、鸿运扇、电饭锅、电冰箱、电视机、单双缸洗衣机等；90年代安装电话，购置BB机（传呼机）、手机、空调机、大屏幕彩电、VCD机、热水器、电脑、全自动洗衣机、消毒柜、微波炉、红木家具、新式衣柜、新式床、摩托车、大小汽车等。据1999年统计，石牌村共有摩托车823辆、大小汽车230辆。抽查100户人家，共有彩色电视机119台、电冰箱98台、电脑8台、空调机55台、手机37部、消毒碗柜69台、抽油烟机77台。至2020年，以前盛行的高档用品，如收录机、卡拉OK机、BB机、照相机、录像机、缝纫机等已经被淘汰。成年人，甚至阿婆、阿公都有集电话、照相等功能于一体的智能手机。电视、电脑和网络普遍进入家庭，家庭厅、房都安装空调机。人们已经完全实现温饱，开始追求时尚的生活。

抗日战争革命老区根据地长浭村在20世纪90年代后，随着郊区农村城市化的推进，长浭村村民的生活设施，包括供自来水、供电、供气（燃料）、电信、电视、无线通信、邮政、储蓄等，均与城区发展相融合，村民生活完全城区化。2002年100户抽样调查显示，共有彩电162台、收

1946年春，石牌村村民上身着对襟唐装

录机27台、卡拉OK机43台、VCD机89台、电冰箱98台、洗衣机100台、电脑87台、电话100台、手机232台、BB机20台、抽油烟机100台、消毒碗柜98台、热水器132台、空调156台、照相机79台、录像机10台、电风扇310台、缝纫机60台、单车102台、摩托车132台。

长湴村村民梁昌华家居客厅，以红木家私为主格调，成为长湴村占多数的平常家庭的时尚装修风格（2019年4月摄）

2010年后，村民生活消费全面进入小康水平，日常生活完全城市化，豪宅式高档家庭装修和家具配置成为常态。2020年，全村有家庭小汽车600多台，平均每户1～2台，其中价值在100万元以上的高档汽车8台。

五、经济收入

改革开放后，天河区的生活水平大幅度改善和提高。村民收入多渠道，城镇职工收入稳步提升。2020年，全年城市居民人均可支配收入79 435元，城市居民人均消费性支出54 254元。

以前，村民经济主要来源是村、社集体年终分配。自2003年起，各村陆续完善股份合作制后，村民主要经济来源由较为单一的集体分配变得多样化。2015年，天河区村民主要收入来源有四部分。第一，村社集体经济股份分红。天河区各个村社的分红不一样，每股每年分配也在不断增长。2020年，村民得到的村集体经济股份分红平均每月有1 000多元。第二，社保收入。这里主要指原来是社员，后来招工出去的村民。这部分居民本来就有单位,都是退休工人,有基本社会保障金,一般每月有3 000多元。第三,工资收入。社区中青年多数就业,或在社区居委会中就业,或自己经营小企业,或当普通工人,如车间工人、商铺营业员、店铺服务员,月收入三四千元。第四,房租收入。社区村民一般家庭都有一二栋楼房出租,收入每月有一万多元。房租收入增长较快、收入稳定,成为社区居民收入的主要来源。

1955—2000年天河区村民年平均收入表

单位:元

年份	1955	1960	1965	1975	1980	1985	1990	1995	2000
收入	52	80	120	130	330	460	700	9 831	14 481

说明:2003年1月开始,天河区取消农业户口,"农民"概念不存在,故政府无这方面的统计。

天河区原是农村,二十世纪五六十年代员村工业区建成,开始有工人,随后广州氮肥厂等工厂建成,职工人数增多。二十世纪八九十年代,随着城市化,以及各类学校、医院等单位的建成,城市的各项设施得到更快发展,城镇人口不断增加,第三产业发展壮大,行业较为齐全。城镇从业人员中,来自全国各地的外来人员成为其中的重要组成部分,其中以从事服务行业者较多。2011年3月起,广州市规定企业职工最低工资标准由1 100元/月上调到1 300元/月,增幅18.2%。

1985—2017年天河区城镇职工年平均工资表

单位:元

年份	1985	1990	1995	2000	2005	2010	2015	2017
收入	5 587	7 876	8 708	18 850	19 681	31 431	52 330	62 766

改革开放后,抗日战争根据地、革命老区长湴村的村民收

入迅速提高。至2003年，村民收入来源主要有：集体（股份）分红、在村任职领工资、没有在村从业者每月领退勤费、承包经营村经济项目、村内村外经营商贸业、自有物业（原宅基地改建成民居或商铺）出租等多种渠道；仅集体（股份）分红，当年联社、集体经济社分配总额2 707万元，按股分配1 037万元，全村1 870人共2.3万股，每股450元，另有其他形式分配（含生活费、退勤费、教育福利及其他）1 640万元。2012年，村公司股份分红由上年每股680元升到710元，生活补贴费由每月570元升到600元，老人生果金由170元升到200元，村各类从业人员月工资均增30元以上，一次年终奖分别为1 000~3 500元不等。2020年，长㴕村经济联社总收入1.1亿元，人口平均分配20 210元，劳动力平均分配41 045元。

2020年，出租屋收入成为长㴕村村民经济收入的主要来源。如普通村民梁某华有新村住宅四层，自住一层半，出租二层半，每层月租4 000元，每月房租收入1万元，另有旧村出租屋，每月1.5万元，合计每月2.5万元，年收入30万元。

随着村集体经济（以物业租金收入为主）的稳定发展和壮大，村民的股份收入逐年增多，加上在村就业收入稳定可观，私有物业（出租屋和商铺）近年快速升值，村民的经济收入已经远超城区居民的平均水平。

长㴕村婚庆迎亲车队（2018年11月摄）

附录：《人民日报》刊登长湴村报道

文明村是怎么来的？
——听广州市天河区长湴村党员干部如是说

王可　罗新祥　廖义斌

一条广汕公路隔开广州市天河区沙河镇的两个小村，一个叫长湴村，另一个叫元岗村。1990年以前，长湴村的村民眼巴巴地望着元岗村盖起了楼房，人们喜滋滋地搬进了新屋，过着兴旺的日子，他们的心里很不是滋味。

7年过去了，长湴村的村民再也不用羡慕邻里们的富庶，他们也过上了红火的日子。村民的形象也变得"斯文"起来，大大地改变了人们对长湴村的印象。1996年，长湴村还被广州市评为文明示范单位。

文明村是怎么来的？当记者问到这里时，长湴村刚刚退休的老书记梁树新格外激动。他用长满老茧的双手抚摸着村委会门前那金光闪闪的牌子，感慨地说："这块牌子太珍贵了，它来之不易啊！"

让村民富起来是党员的责任

1989年，长湴村发生了一件谁都不愿意发生的事。村干部因为经济问题，全部被免职了。在群众的心里，村干部的威信太低了。新班子谁来牵头？1990年，60岁的梁树新接过了这个又穷又乱的烂摊子。新班子有5个人，是村委会的新成员，都是党员。在党小组的第一次会议上，他们给自己立下了军令状：带领群众致富，让村民重新信任我们。如果村里的经济搞不上去，还要我们党员干什么？

他们做的第一件事是"筑巢引凤"，建厂房，以廉价房租引人来办厂。规划制定了，图纸拿出来了，可一算钱，傻了眼。村集体的全部家当加在一起还不到10万元，其余的

45万元怎么解决呢？村委会发动党员带头，一方面想方设法借钱，一方面做村民的思想工作，支持村委会的决议。就这样，克服了不知多少困难。钱借到了，计划批下来了，这个给人们以希望的"巢"终于建起来了。如人们期望的那样，有30家工厂陆陆续续来安家落户。第二年除去支出，他们纯收入5万元。钱虽然不多，但村民们看到了希望。

村委会根据村里流动人口多的有利条件，发展以各类市场、店铺、住宿、饮食、商场、宾馆为主体的第三产业。现已建成并投入使用的有两个工业区、一条商业街、一个竹木市场。村干部并没有满足，他们和市轻工研究所合办了科技含量较高的长涯消泡剂厂，由于经济效益好，预计今年可创利润200万元。1990年全村总收入1亿多元，其中村办企业总收入为9 000多万元，纯收入有1 000多万元。

廉洁、透明是群众信任的基础

要想取得群众的信任，就要廉洁奉公，增强做事的透明度。这是长涯村党员干部的共识。

起初，群众不信任新班子，认为"换汤不换药"。他们带着疑惑的目光注视着村干部的一举一动，特别是在征地等敏感问题上。为了使村民放心，村委会成立了村工程监理小组，凡是征地款项，另设管理科目，哪怕是10元钱的账也要报得清清楚楚；工程投标经过村委会集体讨论后，由工程监理签字才能批，其他任何人没有决定权。另外，村里的每项支出也要征得村民的同意。建幼儿园也好，建文化娱乐活动中心也好……每项重大开支都要召开党员会议、村民代表会议，讨论通过开支方案，才能立项。到了年终，村财务支出报表复印几份，分送给村妇联、团支部、治保会和农民代表，接受群众的监督和检查。几年下来，村民十分满意。

得到了群众的信任,村党员干部的威信重新树立起来。他们大事小事都愿意找村委会,村委会适时建立了"连心小组",一个村干部,联系3个党员,1个党员联系3户村民。上级的指示精神,很快落实到群众之中,群众的呼声也很快反馈到村委会,村里工作好做了,干群的关系更加密切了。举一个小例子,计划生育在农村是个老大难问题,可是在长湴村,它却不是难事,村民响应国家的号召,计划生育工作开展得十分顺利。

带领村民走文明健康之路

为引导富裕起来的村民过上文明健康的日子,长湴村党员干部下了一番工夫。他们从两方面入手,一是投资兴建文化娱乐场所,二是加强思想、政策、法制的教育。文化娱乐中心的兴建改变了村民以前那种"日出而作,日入而息"的生活方式,夫妻之间、家庭主妇之间相约去舞厅,在长湴村已不是新鲜事。同时,文化娱乐中心还设立了图书室,村民们读书看报已成风气。1996年,村里组织了1支40人的曲艺队,空闲时间聚集在一起自娱自乐。各种文化娱乐活动既丰富了大家的生活,也融洽了婆媳、邻里的关系。

提高村民素质的根本在于教育。村领导对教育极为重视。在经济刚起步时,就舍得把钱投入到教育中去,兴建了托儿所、幼儿园、小学。走进被评为广州地区"花园式单位"的长湴小学,里面树木郁郁葱葱,校内还设有"荔园""树木园""竹园",现在正在建一个以科技为特色、门类齐全的生物园。目前,该校已被定为广州市素质教育实验学校。同时,村里继续加大投入,争取向省一级学校迈进。

长湴村变了,这个坐落在银坑岭山脚下的小村庄,这个离喧嚣的广州只有一步之遥的城乡结合体，这个在1990年以前还没有一条水泥路的长湴村已旧貌换新颜。长湴村成为广州市的文明村，成了全国造林绿化千佳村的一分子。长湴小学去年被评为市一级小学。

（选自1997年10月7日《人民日报》华南新闻）

附 录

附录一 革命遗址

一、解放军特种作战学院四方楼

解放军特种作战学院（原解放军体育学院）位于沙河禺东西路15号，当年有两座大楼，至2020年尚存一座大楼。大楼建于民国十三年（1924年），黄色、方形，俗称"四方楼"，坐北向南，门口开在正中，两层楼房，进楼有楼梯可上二楼。二楼中间是通道，两旁是房间。楼下有一门通往方形楼后方的操场。大楼长约9.04米，宽69.41米，占地面积627.47平方米。2012年，此楼被列入为天河区文物保护单位；2019年10月，被国务院列为国家重点文物保护单位。

1924年，国共两党举办的陆军军官军校在黄埔长洲岛成立；次年，利用此处

解放军特种作战学院四方楼（2015年6月摄）

解放军特种作战学院工字楼（1994年摄，1998年拆除）

原清军新军燕塘营地设分校，称黄埔军校广州分校（俗称"燕塘分校"）。1926年9月3日，毛泽东以国民党候补中央执行委员、中央宣传部代理部长、第六届农民运动讲习所所长的身份应邀到燕塘分校，为黄埔军校学生作政治报告。毛泽东当年33岁。

解放军特种作战学院四方楼（2015年6月摄）

1927年12月11日，中共领导的广州起义爆发。凌晨，起义军总司令叶挺亲自率领教导团二营和炮兵连以及工农赤卫队，从东山四标营（今越华路一带）誓师出发，袭击驻防燕塘分校的第四军炮兵一团和直属队一营，打响了广州起义第一枪。此次战斗俘敌1300人，缴获大炮30多门。该部后来组成炮兵师，参加广州起义。解决燕塘的敌军后，叶挺留下一个连驻守，随即率领大部队返回广州，参加战斗。

二、璞庵樊公祠

璞庵樊公祠位于龙洞东街一巷10号，始建于清代，重修于清光绪三十四年（1908年），最后一次重修是在2008年。公祠坐西北向东南，东临龙洞聚贤大街，南接龙洞南安里，西邻龙洞西大街，北至迎龙路；因纪念龙洞村樊氏第十一世祖樊琼（字璞庵），故名。公祠宽27.81米，长28.53米，面积793.42平方米。祠堂二进厅，一天井，两旁有厢房、走廊，有厨房；硬山顶，灰直脊，人字形封火山墙，碌灰筒瓦；青砖墙，花岗岩石脚，门前两侧有石砌包台。2012年7月，宗祠被列为天河区文物保护单

璞庵樊公祠挂有"龙眼洞农民协会旧址"牌子（2010年摄）

位。公祠现为村老年人活动中心。

1924年年初，国共合作。时任广州农民运动讲习所主任的中共党员彭湃带领学员到东圃等村乡活动。随后，今天河地区的珠村、石牌、棠下、龙眼洞村等地都成立农民协会。龙眼洞农民协会建在璞庵樊公祠，会员40余人。农会有统一的证章、竹帽，会旗是犁头旗。1927年12月，中共领导广州起义。龙眼洞村农民协会组织100多人在祠堂集中食宿，准备领取弹药，赶赴广州参加起义，随后得知起义失败而解散。

日军占领广州时期，日伪广州税务局龙眼洞税务警察所设址在该祠。1945年夏收期间，中共领导的东江纵队第四支队在招新率领的抗日武装配合下，化装成收割水稻的农民，半夜袭击

璞庵樊公祠正门（2015年7月摄）

璞庵樊公祠天井（2005年7月摄）

此伪警察所，俘虏30多名伪警察，缴获各种枪支20余支，弹药一批。

三、梁氏宗祠

梁氏宗祠位于长㳇村南大街5号，前临街，左右均为民宅，门前有空地，门口正对长㳇中路。宗祠坐南朝北，两进一天井，通宽14.91米，通深29.53米，占地面积约440.29平方米；三进厅两天井四走廊，三进大厅都是硬山顶，头门是博古脊，硬山墙第二、三进屋顶的正脊为直脊，没有任何装饰；碌筒瓦，青砖墙，花岗石墙脚。

梁氏宗祠正门（2005年摄）

梁氏宗祠二进内景（2015年摄）

陈列在梁氏宗祠的长湴村革命斗争连环图（2003年摄）

民国初年，梁氏宗祠曾作为长湴村陶贤小学所在地。1936年夏，中山大学师生中的一些中共党员在此举办农民夜校，有学员100多人。1938年6月，当地以夜校学员为基础，组成了30余人的抗日先锋队长湴第一分队，这是广东第一支农民抗日先锋队。中共广州禺东地区特派员杨德元等人在此以教师身份开展革命工作。1944年，在此建立中共长湴村支部并组织革命武装，开展抗日斗争。1946年，中山大学进步学生又在此举办长湴村社会教育实验区，即村民义务教育学校，宣传革命思想。1949年夏，在中共广州市委的领导下，又在这里先后成立了禺东人民解放委员会长湴分会和沙河支援前线委员会，为解放广州作出了贡献。

  1993年6月，广州市人民政府、广东省民政厅先后颁文，同意补划长湴村为抗日战争根据地。2009年7月，梁氏宗祠被列为天河区文物保护单位。

附录二 革命文物

广东青年抗日先锋队队旗

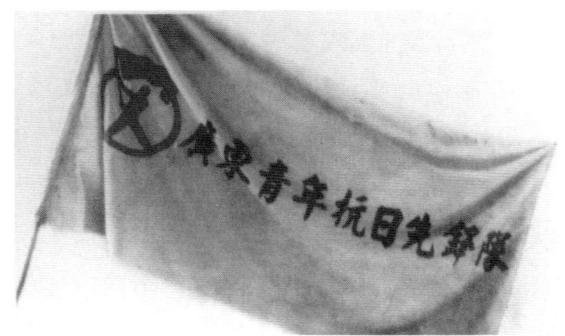

广东青年抗日先锋队队旗（复制品）。1938年6月，长湴村革命青年曾高举这面大旗参加中共代表廖承志在广州哥伦布餐厅举行的记者招待会，会场顿时爆发出热烈的掌声

长湴夜校的煤油灯

夜校煤油灯。长湴农民学员曾提灯送中大学生（夜校教师）回中大

长涐夜校的文物

长涐夜校的桌椅

长涐夜校的书桌及凳子

附录三 历史文献[①]

番禺临时县委四月的总报告(第一号)[②]

一、临时县委成立的经过

现在是非常时期,县委不必筹备,只可由各区派代表开联席会议,成立临时县委,然后着手召开全县代表大会,正式成立县委,故依照省委意见,将筹备会取消,采由民主集中制度。四区章庸之、罗振强同志出席,于五月一日开各区联席会议成立临时县委,参加者有省委巡视员周松腾及凌希天、梁木丙、郭金洪、黄泽南、钟池同志,总共十三人。议事日程:

各区工作报告;

讨论一切计划;

成立临时县委;

省委巡视员政治报告。

讨论结果:

1. 关于党的组织问题。甲,整理小组组织,最低限度,每十天开会一次,由支委会参加指导。乙,支部会议每月最低限度开会两次,由区委参加指导。丙,区委会每月最低限度开会三

---

① 历史文献为原文照录,原文若有错漏之处,敬请读者谅解。

② 本文摘录自《1928年中共番禺县总报告》。1928年,天河地区位于番禺县境内,主要是第四区。当时番禺县隶属于广东省,不隶属于广州市。

次,由县委参加指导。丁,征收党费,每月每人收三仙①。

2. 关于干部人才问题。甲,有可能时各区开短期训练班。乙,由上级派同志参加各级会议训练之。

3. 关于发展党的组织问题。支部或小组会议时,由各同志报告忠实勇敢能守秘密的工农分子提出讨论,指定每一个同志限期吸收之。

4. 组织秘密工会、农会和赤卫队问题。甲,已有组织的地方,可能公开的重新登记,不必组织隐蔽。乙,没有组织的地方和有组织的地方不能公开的可以隐蔽(但第一区已有护耕团的组织依照赤卫队组织法)。

5. 讨论县委问题。(讨论)结果(为)县委九人:周辉洪、章庸之、梁带、王镜湖、凌希天、麦仰天、梁炎桂、关胜、王泽南。常委三人:庸之、辉洪、梁带。书记庸之,秘书王泽南、巡视员王镜湖。并设一军事委员会,主席由常委梁带任之,委员庸之、炎桂、关胜、钟池共五人。巡视员周松腾同志作政治报告:甲,报告全国形势;乙,报告全省政治状况。

此次番禺县委已成立了。这是新的生命开始啊!过去的各区委就是在工作方法上,确有很多的错误和缺点,主要的是没有具体的指示同计划,至弄到一区区委〔一区委〕在不生不死的状态中。自从省委派阮峙垣同志来,把一区区委〔一区委〕改组后,现在比较健全些了。四区区委〔四区委〕完全不注意发展同志,至今亦仅得同志二十四人。二区更没有发展。在客观上看来,形成暴动局面,仍是感觉困难。然而发动群众种种小斗争,现在县委已昼夜思考如何推动那副发动机了。但这些农民群众畏怯和恐怖心理好像人之身体上患了癣癫没有方法医治一样。请你们省

---

① 仙,当时货币的名称。

委好好备些硫磺〔黄〕和碘酒，把那些"皮肤病"能够一廓而清呢。

二、四区区委〔四区委〕报告

（一）本区最近发现反革命得〔的〕地方武装训练员落乡压迫农民成立人民警卫团，以该乡之大小而定人数之多少。现各乡多主张反对，只有大村的豪绅与之勾结，皆端扒钱，此是白色恐怖的象征。各小乡被大村的豪绅压迫，我们煽动他们恢复区乡会，他们又观望大村行头，大村农民又畏豪绅势力，不敢恢复，现仍没有办法。农民多因为田舍芦墓所在，虽豪绅、军队压迫，都不敢公开恢复农会。最近区委决议，加紧吸收贫苦农民，及各墟市工人等。尤特别注意广九、萝岗两铁路的产业工人，务要尽量发展到许多乡都有支部，并极力发展秘密工会、农会，同时将省委的宣传品翻印，分发各处的工农群众，以扩大宣传。

（二）一般群众对党的态度。前有农会组织的乡村的工农群众，以为农会即CP[①]；CP执政，即我们的痛苦自然解除。无农会的乡村的群众，则多数以为未清党以前，地方治安很平静（如土匪不敢截抢客商和农会及行劫火车，军队亦未有骚扰各乡村，借剿匪为名掳人勒赎为实）。清党以后，土匪掠劫及军队围捕，差不多一个月内，发生数次，以至乡民拖男带女走得五零星散，正所谓食不安眠。所以他们对于CP很表示信仰，故对于我们得〔的〕工作同志多乐于招待。

（三）关于农民生活的（问题）。该地农民生活表面上可以维持下去，但实际上差不多每个农民每一年要纳利百数十元之谱，同时交租需将全收入的十分之六七拿出，每造禾收成每担谷要缴交五斤佣银，生果每百斤纳佣五斤。差不多一年的辛苦，都

---

① CP，即中国共产党。

入不敷出，农民债务年年增加。但农民仍很稳定，领导他们作小小经济斗争时，他们说："离城太近，恐军队来清乡拉人。"

（四）关于会务的（问题）。自清党之初，各乡会员没有表示十分恐慌，各乡农会除了大村（如横沙、夏园、沙涌、笔村、火村）之外，差不多各乡会都可以召集开会。但自去年十一月广暴①失败后，白色恐怖在各地更加厉害，农民们多发生恐慌，故对会务较为冷淡。现在可以照常开会者，只得双井等六个乡农会。第四区分为三个分区：第一分区完全是潘□□包办，对我们不信任和不接受县农会指挥；第二分区是经我们组织的，所以对于我们共产党很信仰和很信任，而接受县农会指挥；第三分区十分之三受了潘□□指挥，十分之七受我们指挥。

（五）关于内部的（问题）。第四区在尚未清党以前，只得四个同志（通通是农民训练班毕业的），但清党后，发展至二十四人（留党察看二人，开除一人，不能开会的七人），支部三个，双井、横沙两个支部较为健全，但火村支部完全不能开会。区委七人、常委三人，常委可以按每星期开会，区委是不健全不能开会的。

（六）过去工作的批评。过去四区工作没有计划，所以没有注意一三分区，党没有尽量发展到一三分区去，只在二区发展，只得三个支部，二十四个同志，所以现在决定要向墟市工人、铁路工人及一、三分区加紧发展，使到〔得〕许多乡村墟市，都要有我们党的组织。而对于秘密工会、农会、赤卫队、工农军，没有严密组织和编练，故特别决定从速组织赤卫队、工农革命军和秘密工会、农会。

（七）关于组织的（问题）。区委七人，农民占五人，阮汉

---

① 广暴，指1927年12月中共领导的广州起义。

兴、罗畅卿、罗耀池、钟钊培、罗寿明，工人占二人，凌希天、韦庸之，常委是凌希天、阮汗兴、韦应之三人。双井支部书记阮汗兴，横沙支部支部书记刘劭清，火村支部书记钟钊培。区委会议每月开会一次，常委会议每星期开会一次，支部每星期开会一次。

（八）关于经济的（问题）。区委的经济除依靠省委津贴外，没有其他办法可以找一些的，如省委无津贴，则工作就停顿，而不能往各处活动了。兹将每月的最低限度的预算开列于下，到下月尾可以将详细的决算报告，请省委发足。活动同志三人作伙食费至少十五元；白纸墨油腊〔蜡〕纸等翻印宣传品费用至少五元；往各乡及各墟市等活动的川资什用，至少每人三元；三人共九元，往县委开县委会每次二人，至少每人每次一元五，二次共六元；一人往县委开常委会三次，共四元五。以上六项，总共三十九元五，还有医药费，每月至少二元，三人置衣服买各种用具每月至少四元五，合共八项每月至少要四十六元。

结论：第四区的农民多数是很平稳的，不敢起来马上暴动，只可做骚动工作。有必要加紧发展党的组织，如发展秘密工会、农会、赤卫队、工农军的组织，将来才有希望暴动起来。以上就是第四区的概况了。

三、一区报告（略）

四、二区报告（略）

五、县委常委会议决议案

（一）关于省委十六号通告的具体报告由庸之、辉洪、炎桂、仰天、泽南、镜湖负责起草交常委会通过。

（二）今后进行计划。甲，决定两星期内发展到一百七十个同志，由县委通告各区委督促各支部切实执行。乙，决定由县委书记召集各区委书记、支部书记开书记联席会议。县委组织召集各区委组织、支部组织开组织联席会议。县委宣传召集各区委宣传、各支部宣传开宣传会议。书记会议、组织会议、宣传会议，由庸之、泽南、镜湖担任并召集之。训练时用广暴意义、苏维埃政权、土地问题，什么是共产主义做训练材料。丙，组织秘密农会，决定原有农会组织能够公开开会的，由现在工作同志前往督促开会，恢复农会。不能公开恢复农会的乡村，要他能够组织秘密农会，在旧时没有组织农会的地方，要使到〔得〕他能够组织农会或组织护耕团。丁，赤卫队问题，在一区已有护耕常备队组织，我们要赶快组织护耕后备队，二区四区应积极组织赤卫队，决定四区在两星期内组织五小队护耕后备队。

（三）五乡问题。决定以后五乡党团开会，县委常委需要参加，二分区三分区要有护耕常备队及后备队的组织，如未有组织的地方，要从速扩大组织之。

（四）反抗酬劳搭棚厂抽收护沙费问题。决定用番禺一区农民协会召集各乡农会，定于五月七号在灵山庙开各乡会员联席大会，讨论反抗办法，务使全区的广大群众起来，在我们党领导下，起来作很剧烈的反抗，焚烧护沙厂，使地主豪绅不敢再来抽收。

（五）县委常委会开会日期。决定每月至少开会三次，逢十日开会。

六、总的结论

过去番禺党部未有全县的总机关，所以是区自为政的，不能互相知道各区的情形，且毫无联络。现在就不同了，县委已成立，全县已一致而有全县整个计划的决定了。过去的错误是只做农会运动或农民领袖运动，全未有做农民群众运动，尤其是完全没有做工人运动，很少做发动群众斗争的工作。党员成分，工人占极少数，失了无产阶级工人领导的意义，所以今后要特别注意发展秘密工会组织，多吸收勇敢忠实的工人入党。同时又因经济困难，不能多派同志到各墟市去做工人运动，如以前有许多个活动同志，如陈殿钊、黎仰之、苏卓生、冯君素、叶耀权等，都因为经济困难，在五乡食饭太多，则五乡的领袖讨厌。（他们）往各处工作又无川资食用费，所以有些回乡去了，有些教学去了，有些腐化变质了。现在各区委的预算（一区二十九元五，二区二十四元，四区四十六元）都是最低限度的，还有县委每月买纸、笔、簿、墨等各种什费至少四元。召集县委会、常委会、书记联席会、组织联席会，宣传联席会等食用及买各种用品等费至少五元，往省委川资至少二元五。以上三项共十一元五，连一、二、四区经费总共每月至少一百一十一元，请你们下发，以便分发各区委、分配给各同志去各区工作。否则，工作前途必发生许多阻碍。这就是本月内的一个总报告。请你们作一个好好的指示。

中共番禺临时县委报告
1928年5月

1928年中共番禺县委社会调查报告

一、党的组织状况

（一）全县党员179人，工人占2%，知识分子占4%，农民占8.2%。

（二）有职业的占165人。

（三）有女工1人、农家女1人。

（四）县委常委3人：书记韦庸之（工人），常委周辉洪（农民）、梁带。县委凌希天（工人）、麦仰天（农民）、梁炎桂（农民，现当护耕队长）、关胜（农民）、王镜湖（农运）、王泽南（塾师），未设各科。有军事委员会，主任梁带（半知识分子，现充五乡书记）、委员梁炎桂、钟炽（护耕勇，护耕支部书记）、韦庸之、关胜。

（五）区委已成立的有一、四两区。

（六）全县支部完全是农村支部，能起作用的一区有7个支部，四区有2个支部。

（七）能收校费的仅占2成。

（八）县委于五月一日成立，经各区联席会议选出，没有省委派定的。

（九）只开过支部或小组会去训练党员。关于刊物，四区出过赤报，一区出过农民旬刊。

（十）四区党员大会开过2次。二区大山支部大会1次，一区新地支部大会2次……各区联席会议1次。

（十一）开除2人，留党察看4人，退校亦有。开除的主要原因是自由离校，往别处找职业，留党察看的主要原因是煽惑同学。不到会的2人，私逃回家不工作的2人。

（十二）在一区曾领导农民作反抗护沙的斗争。

（十三）组织：一区增加党员41人，二区增加4人。四区没有增加，因四区仍蹈一区吸收同志太严的错误……

（十五）最近吸收同学的计划：决定每个同学限两星期最少吸收同志1人。方法：和他谈话时专谈他的痛苦、痛苦的原因、解除痛苦的方法，引起他的革命心理。

（十六）县委、区委都是设在乡村。

（十七）干部人才：四区的2人，一区3人，二区2人。

二、校外组织状况

（一）全县约有工人4万人，已入工会的约2千人，没有我们的组织。

（二）全县农民约50万人，过去曾入农会的有8千余人，能受我们影响的1千人。

（三）秘密组织的工会、农会没有。农会过去有组织，现在间中仍可公开开会的：一区有12乡，二区有2乡，四区有5乡，全县共19乡。但完全未有严密的组织，及从〔重〕新登记，没有名册，没有编制，只是曾入农会的开会时随他到不到而已。故其群众的数目，是大约五六百人。

（四）完全没有赤卫队的组织，只一区有16名护耕常备队，且无系统的编制……

（六）农民的武装约有3千，完全没有组织的。

三、社会一般状况

（一）全县人口总数约60万人，一区约13万人，二区约12万人，三区入市郊，四区约11万，五区约13万，六区约11万。

（二）农民纳租。一区要纳收成全数70%。其余多数约纳收成全数45%，纳税每亩4毛。

（三）农民成分：佃农占52%，雇农11%，自耕农6%，半自耕农21%。小地主7%，佃雇主3%。

（四）我们有组织的主要乡村，一区是榄核，二区是官坑，四区是双井。有敌人主要势力的乡村，一区是沙海、市桥，二区是大石，四区是龙眼洞、南岗。

（五）全县的民团等发〔反〕动势力常备队共2 000人，后备队12 000人（另慕德里司第五、六两区未计），另沙田中华安社约400人，永安社、靖安社等约六七百人。

（六）四区土匪共约500人，能受我们影响的300人，与我们作对的100人（都是想钱罢了，没有政治意义的呢）。一区约2 000人，二区约1 000人，受影响的有700人，与我们作对的约500人〔慕德里司在广州北，隔涉非常远，且五同志熟悉，无法调查，只知他完全是民团势力范围，完全是发（反）动势力〕。

（七）县长李民雨是李济深放下来的人，一般民众对他很痛恨，因为他接任后，到各乡挂名剿匪，实则庐人勒索。如到四区属内围捕石门市，将农会领袖徐挺全拿去勒索2 000元。还要办民团、人民警备队。派李济深走狗——武装人员训练养成所毕业生到各乡去做训练员。专员每月薪俸30元，另雇伙夫1人，什役1人。

（八）二区长洲黄埔军校约有军队八九百人，谢村有番禺县游击队50余人，队长李绍雄（慕德里司防军无法调查）。

（九）一区曾于前10年左右、莫荣新时代，派人去收田亩捐，农民起来反抗，莫荣新派战舰两艘，军队七八百人来围捕农民，率军队烧去高沙横栏地方许多农民住的茅寮，农民群众起来与军队战斗有六七夜之久。农民称此次斗争为打围沙。

（十）四区出产品有青梅、白榄、乌榄、橙、荔枝、谷、毛瓜、炭、付竹等，以谷和白榄、青梅、橙为大宗。一般人的职业、耕种、烧炭、制付竹等。二区和五六区出产品有谷、藕、荔枝、龙眼、杨桃、石榴、桔〔橘〕、橙、蔗、桃、青梅等，五区以谷为大宗，一般人以耕种为多。

说明：

（一）慕德里司即第五六两区，在广州市之北，花县之南，广州市与花县是包围该两区的，该两区过去至现在都完全是民团势力（反动势力）范围，不单是4月15日事变，国民党摧残工农后，我们无方法入去工作，就是从前农民协会最发达，农工势力最膨胀的时候，都无方法入去该两区活动。曾派过许多同志入去做过许久工作，都毫无成绩，故现在该两区情形我们完全不知道。该两区要由广州市委或花县县委就近派人入去工作，或较易进行。我们是很〔有〕隔膜〔阂〕的。

（二）鹿步司民团总局长池玉臣（石牌人），第一团团长池玉臣，第四团团长黄汉池（黄村人），以上属东区。第二团团长钟桐凤（即宝干塘山人），黄村堡团长樊景甫（龙洞人），暹岗堡团长孔任卿（暹岗人），黄陂堡团长黄汉池（黄村人），火村堡团长钟治祯（火村人），萝岗堡团长钟卓屏（水西人），以上是第四区的。

中共番禺临时县委
1928年5月

1945年中共番禺县委报告（摘录禺北区部分）

这地区包括番禺粤汉路东至广九路东以北，属于广州近郊地区。这一地区组织力量异常薄弱，较有基础是东郊。北郊只有两个点，基础很弱，是新开辟的。

东郊在抗战时华南事变前有中大学生在沙河一带做过抗先组织的活动，在冼村、石牌、长湴、沙河一带乡村做过建立农民夜校的工作，打下些基础。特别在长湴建立了农青抗先队，培育出两个较好的农民干部，一个最好的农干已于1942年夏天、我们派人去联络后不久去世，我们就在这一个村建立据点，开展东郊工作。当时因为组织指示停止吸收党员（粤北事件后），用抗盟组织形式组织进步农民青年，直到日寇〔军〕投降时至，东郊有十几条村均建立了抗盟组织，成员有400多人。（我们）曾在这个地区动员一些青年（十多人，都是盟员）去东纵（即东江纵队，下同）参加东纵武装部队，曾组织过"老鼠队"专门偷窃破坏日寇〔军〕仓库。东纵四支队有短枪队到过这一带活动，在那里散发数量不少的前进报和多种宣传品（经常的散发），改变了这一带民众愚信老蒋的所谓正统观念，使他们在政治上对我党我军有了初步的认识。目前，在广州东郊广九路以北的那几条乡村的青年，政治认识是提高了（当然比不上其他较好的地方）。这里曾有过我们部队的活动，使几条村的面目暴露，但还没有清乡；这一带的民众对政府的害怕心理较深，一般不敢"多声"。且捞家[①]多，各村，尤其是较大的乡村如石牌、冼村、猎德、车陂、乌冲、南湾、萝岗，在敌伪时很多的杀敌队、日寇〔军〕组织的联防队多为捞家。现在这种捞家又蠢蠢欲动，抢劫的事件也一天天多起来。

现在，我方在东郊地方的工作对象拟定有7个，干部全是外来人员，有间小学（在琶洲）是〔有〕我们干部在那里教书。已生根的只有两个地方，要建立党的稳固基础还有〔要〕大大努力方才可以。

东郊地区工作已有数年历史，但仍限于政治上影响。原因在于：

1．敌伪时，对开展工作注意不够，1945年以前，是组织决定停止发展工作。

2．干部对于发展组织工作不积极，这是主要原〔缘〕故。

3．干部调动过大，负责人几乎半年换一次（原因在于工作需要的，但也有些因此暴露）。

中共番禺县委
1945年5月

---

① 捞家，即土匪。

1937年《先锋队报》

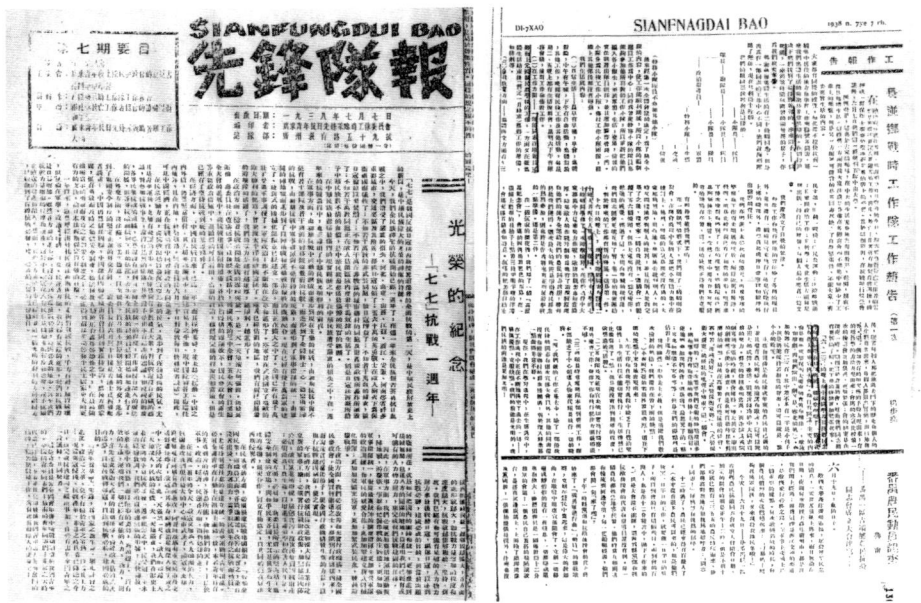

先锋队报第七期（出版日期：1938年7月7日，编印者：广东青年抗日先锋队临时工作委员会，总队部：广州教育路59号，定价：每份国币一分）

1938年7月7日的《先锋队报》记载抗日先锋队在长湴村建立队大本营和召开宣传大会一事，抄录见下文。

长湴乡战时工作队工作报告（第一次）

杨步尧

在敌机疯狂轰炸广州、华南形势日益紧迫的今日，客观形势对救亡工作者的需要是更广泛更深入更艰苦的工作。因此，救亡工作者就有加紧自我训练，锻炼成一群保卫大广东的坚决而英勇的战士的必要。基于这个原因，在抗战队员紧急会议后，六月七日，我们这一群（人）便到石牌中山大学。

惭愧得很，这也是大家的耻辱，在中大的生活充分地表现出散漫、松懈，简直不像是集体生活。这虽然一方面因为大家住处是分布在各个宿舍。而不能集中和缺少了工作上的维系，但是另一方面无可讳言的是各同志都缺乏了自觉紧张性,不能大家一齐去充实生活的内容,大家都有同样的感受,如果还不赶快找到一间集中生活的地方和切实工作来联系各同志,那么我们集体生活的前途是非常黑暗的。在这样迫求下我们找到了长涄乡近郊的一座园子——信记园,一座被荔枝园包围的两层楼的房子,作为我们的大本营。

起初参加集体生活的有二十余个同志,但是因为有一部分同志的工作中心不同,他们就渐渐离开了队伍,现在只剩得十余个。

我们的组织系统起初是这样的:(略)。

(特务小队队员不参加其他小队)

后来经过一次全体会议的决定,为了健全小队的内容,使工作能顺利开展,所以小队的编制应以工作为中心;同时为着使特务小组的队员也能够参加他所喜欢的工作小队,所以重新把他们编入各小队去,至于军需、生活、交通、情报的责任,责选出队员担任,并且增加图书管理一门,小分队为民校工作小队、乡村工作小队两队,组织上其他部分都没变动。

我们生活底〔的〕内容:

(一)日常生活。早餐有早操、军会、集体讨论。其他工作,晚间有民校工作及其他活动,每星期二、五晚上为生活检讨会,星期六下午有队务会议,检讨工作和布置工作。

(二)在工作方面。部分同志在附近长涄乡和上元岗做民众学校的工作,一方面又在做集体生活结束后(暂定一个月结束)落乡工作准备,如排剧等。

(三)自我教育方面。集体研究方面有A.三民主义;B.统一战线;C.民众运动;D.游击战术;E.军队政治工作;F.哲学。文化生活方面每星期出版一份壁报,每个人最少写一篇文章。

我们还建立了自觉的纪律。

督促工作和执行纪律的责任除了各级的队长外，每日一个值星官来执行，值星官除执行上述的职务外，还要负起处理日常事务和处理外出请假的责任。

我们在搬进大本营起初的几天，因为事务的繁杂和工作尚未开展的缘故，所以依旧是散漫、松懈。但是比较以前已有了相当的进步，跟着来几次检讨和得到了工作的维系，整个队伍已经是渐渐地走上了轨道。当然，其中还有许多无可讳言的缺点存在，这一切缺点正待我们去克服的。

有四件值得我们讲的：

有一个偶然的形式下，我们开了一个个别检讨会，在开会过程中每个人都把全部精力集中在检讨会上。热烈、紧张的空气是从来没有过的。大家都热闹地、坦白地、严厉地去批评别人。但同时又同样的受到别人的批评，并且在别人批评完毕了之后，还要来一个自我批评。这个会一直持续了五六个钟头。但是大家都没有一点儿疲倦、松懈的感觉。经过了这一次坦白亲诚的批评后，我们同志间便更能互相了解，进一步的亲密团结，对将来的工作都有新的发展。这是第一件。十六日晚上，我们十余个同志和农民二十余人共四十人组成一个连队，跟中山大学的七十余个同学做了一次游击演习。在作战过程中大家都集中力量来努力作战，敌情的观念也相当浓厚。结果敌人的作战计划因为违背了游击战原理，和他们的后方全部给我们的农民同志破坏，胜利给终〔最终由〕我们获得。这次最大的收获是争取农民群众的热烈参加，这也许是作为将来真正开展游击战争的一点准备。这是第二件。

在一个沉寂的深夜里，我们开了一个"高尔基纪念会"，会场四周挂着蓝色的布幕，在一张铺上蓝布长台子点着三支半明半暗的洋烛，会场充满着严肃和诗意。沉痛的纪念节目结束后，跟着每个人都把他过去斗争的历史和个人的人生观报告出来，每个人都很忠诚地、坦白地报告，这一个报告有的用文言的手腕〔法〕表现出来，有的用哲学的方法表现出来；会场的空气比前一场检讨会更加严肃、更加紧张；会〔议〕的结束是在深夜一时。这个富于意义的会，帮助我们同志间有更深的了解，把〔使〕工作的情绪更加紧张起来。

"六二三"的晚上和中大同学及长涊乡民众学校的同学在长涊乡的一间祠堂里开了一个"武装保卫大广东宣传大会"。节目有演讲（主要的内容是报告武装保卫大广东的意义和办法），歌咏和演剧（有我们演出，剧名是"塞北的风"）参加的乡民有二三百，其中差不多一半是小孩子，但是仍能保持相当的肃静，这可以说是一点小小的收获。

主席和司仪是由民校成年班的农民自己做的，并且还有农民与妇女的演讲和歌咏，这可以说是很大成绩。虽然，这应该归功于中大同志以前的努力，群众的情绪也相当高，每逢演讲或演出高潮突涨的时候，总会博得一大阵鼓掌。演出的剧虽然不能十分满意，但是也可以激发群众对汉奸的厌恶。最后在高举着千百双抗敌的铁臂，高呼着"消灭汉奸""武装保卫家乡""武装保卫大广东"的雄壮吼声中结束了这一个会。

无疑的，这一次需要我们克服的缺点还很多，例如事先没有和当地的乡长绅士上层联络好，使他们参加我们的会，这是我们最忽略的一点；其他如准备不充分等等；但是我们的优点总是占着主导方面。

我们虽然一步步走上正轨，但是根据我们数次检讨的总结，我们还存在着下面的缺点：

（一）小布尔乔亚的劣根性还很浓厚，这在下面几点中充分地表现出来：

A.在工作和自我学习过程中缺乏自觉的紧张性；B.生活日程不能切实执行；C.生活虽然已比以前严肃了一点，但还是没有达到期望的程度，仍然过于活泼。

（二）各级队长及值星官未能切实执行职务，对于检查工作，督促工作和执行纪律方面做得很不够。

（三）总队长时常离开队本部到广州工作，对本部缺乏了中心人物来代队长执行一切职务。

（四）我们做的工作正是太少，除了一部分教民校的同志和这次宣传大会以外，其他的同志还没有和附近乡村的群众接触过，对于深入群众这一点做的〔得〕非常不好。

现在，我们在学习过程中，在生活过程中，在工作过程中正在不断扬弃过去的一切——发扬优点，克服缺点。我们的前途是光明的，我们民族的前途是更加光明的。

编按：杨步尧当年是中山大学附中学生，一个十六七岁青年，1938年在广东抗先临工委工作时入党，离开长湴乡后到增城雅琼乡与李易杨（抗日发起人）、萧汉（民先队队员）、单龙沛等进行抗日武装斗争，部队后来编入东江纵队。杨步尧在中华人民共和国成立后长期从事公安工作，离休前是省公安厅副厅长、省政法公安学院校长。

附录四 红色歌谣

不怕飞机

不怕飞机，不怕毒气，
死了一个，还有十个。

1938年7月，中山大学学生利用暑假到石牌宣传，编了积极抗日的歌曲教大家唱，其中就有这首《不怕飞机》。

农忙

农忙在即又抛秧，
几多工夫落田场。
枉筑机场何日了，
可惜人间遭劫殃。

1939年，侵华日军在岑村修建军用机场。当时正值夏收夏种的农忙时节，村民被迫放弃农作，到机场当苦工。在凌塘村小学以教师职业为掩护的地下党员徐幽明闻讯后，在教室黑板上写下这首诗。随后，这首诗被村民广泛流传，纷纷称赞是好诗。

冼岑黄

冼岑黄，整机场，
谷围卖，无谷装。

1940年，日军毁农田千亩，修建黄村机场。农民失去耕地，无以为生。当时流传一首童谣："冼岑黄，整机场，谷围卖，无谷装。"意思是说：冼村、岑村、黄村的农田被日军占了修飞机场，没有地方种稻子，原来用于装稻谷的谷围也没有用处了，只好拿去卖掉。村民为生计，被迫修建机场。

团结起来

团结起来，保卫祖国！

团结就是力量！

1938年6月，国民党查封新华日报广州分馆，中大等多所学校掀起了反查封斗争。中共代表廖承志在广州哥伦布餐厅举行记者招待会，反对国民党当局的无理决定。长湴村抗日先锋队全体队员参加会议，当梁容举等高举"广东青年抗日先锋队"的大旗步入会场，队员高呼口号："团结起来，保卫祖国！团结就是力量！"全场响起热烈的掌声。

记述文章[①]

一、长湴村被评为革命老区的证明材料

编按：1992年12月，当年在夜校当教师的中山大学进步学生徐幽明、王永祥、陈启、廖行、莫福生，以及长湴村老革命招家勋、招振强为长湴村评为革命老区写出证明材料。此处为原文抄录，没有作任何改动，以保持原貌。

王永祥证明材料

沙河长湴村是广州市东北郊区一个老据点。我是抗日战争期间由东莞太岭山游击区调到沙河工作的。杨德元同志比我略为先到，1944年他调入山区搞武装，即由我接手负责这个地区的工作，属区一级的特派员（或叫负责人）。日本投降后（的）1946年初，我转到增城仙村掩蔽，（19）46年9月，我才调走到开平工作，（是）县的特派员。

我派（到）沙河的时候，莫福生给我详细介绍后长湴的情况：长湴原是广州沦陷前中山大学的学生在那里进行抗日救国宣传活动建立起来的关系，有很好的群众中基础；杨德元同志派去后很快又在凌塘建立一个点，派出徐幽明安插在那里；继又在林和庄建了一个点，我最初就在这〔那〕里立足的。杨德元调

[①] 记述文章为原文照录，原文若有错漏之处，敬请读者谅解。

走后，我仍然是依靠长湴的关系，发展了好些立足点。冼村、石牌、猎德等地都有我们派去的同志。正好当时已提出向重要交通线大城市发展工作的指示；组织又继续派给我一些干部：王其昌、王日新、叶明华兄妹、袁江等同志都是那个时候先后派来的。同时还发展到市区大东门（亦是利用长湴的社会关系）派了陈友同志在那里发展工人运动，还计划组织城市游击队（后因日本投降没有实现）。

这个区的工作，长湴是发展的最好，建立了支部，掌握是政权（两面），也有武装（护耕队的形式）支持抗日游击队，支持了学生运动，配合游击队的活动及动员参军等工作，都发挥了很好的作用。其次，冼村与大东门的工作也有一些发展，建立了党小组，也开展了群众运动，各种形式的。整个区内也都发展了一些地下抗日秘密组织，叫"抗日同盟"，合起来约有四十来人。

我支持长湴应划为老区；长湴所写的材料方面，在抗日战争时期的材料是属实的，这我可以证明，但解放战争时期，我已调走，不直接了解，但后来也间接听讲过一些，此可向后来的同志取证。

（略）

还有说明，我到郊区时，长湴就发展梁明、招新入党的，王日新到后又发展招振强、梁容毕入党，并正式建立了支部。那里的工作，支部是发挥核心作用的。

特此证明。

证明人王永祥（印）
1992年11月26日

（王永祥同志是我院离休干部，原院党委书记、省第五届政协常委——中国共产党广州中医学院委员会　1992.11.26）

徐幽明证明材料——关于长湴村可划为革命老区的情况

1942年春,增城县委组织部长莫福生带我来到广州沙河长湴村杨德元同志住处(杨是增城县委书记),莫(福生)把我的情况和组织关系向杨(德元)作了介绍,并研究决定我暂住这里,然后去邻村凌塘工作。

在长湴的时间长短但上级和当地同志(已有党支部,梁明是支书)和群众的联系了解,特别是经常有增城县委的领导来驻此指示工作。这地方是不简单的,而且交通方便,过去(1936年)中山大学的进步师生常来这里宣传抗日,办夜校等活动。中大校长黄焕秋和教授林励予等也常来这里活动。我在此住了一段时间。这村子给我留下好的印象。后来杨德元同志派我到凌塘以教师掩护开展工作。以后我也经常来长湴向杨德元同志汇报工作,和当地梁明、招燊(新)、招坤(振强)等同志聊天,彼此都谈得投机。我在凌塘(联系)的群众多数姓梁,与长湴村(多数姓梁)同宗,来往较密切。梁池也〔是〕常来长湴的好青年,他也常常将长湴情况告诉我,而领导(任)上的杨(德元)同志也常常讲到长湴有关情况。

长湴的武装斗争很有基础的。1935年的"一二·九"学生运动之后,1936年中山大学党组织和一片大学生老这里活动办夜校,后来又发展梁万益等入党,成立广东青年抗日先锋队(抗先)长湴分队,到1943年又成立党支部。东江纵队短枪队周应芬等同志来这里布置工作,并打□汉奸陈湛等二人。群众高兴除了地方的一大害。东纵(东江纵队,下同)同志和这里的党支部乘这机会又发展了一批农民青年扩大了武装队伍,并发动一些青年参加东江纵队。

由于地方相当复杂,村里的伪维持会长梁恩表现不可靠,经党支部决定派进步青年、依靠我们党的梁标去接替,这样伪维持会实质是我们掌握，对以后日本帝国主义的南支派遣军经常来村骚扰等等活动，这个维持会就起来重要的掩护作用：既应付麻痹了敌人，又事先掌握情报保护了自己。一些群众原先对"维持会"是不满的，后来便逐渐改变了态度。

在"维持会"的掩护下，党支部根据经争指示，为了及时掌握敌情打击敌人，组织决定由梁明、招燊等同志负责情报。地下交通站（情报站）经常向东江纵队送情报，带领青年参军，送军粮枪弹等等。部队表示很欢迎，常常（对他们）得到〔给予〕表扬。

1949年夏天，由于全国的胜利，广州解放在即，珠江特委番禺县委立即组织"广州东北郊人民游击队"，长湴村闻风而动，立即发动青年参加并组织起"禺东人民解放委员会"，配合南下大军和游击队打击残敌，维持地方治安，得到当时广州军管会和沙河群众的赞扬。

从1936年组织夜校，发展党组织，建立支部，整顿"维持会"，开展武装斗争，建立情报站等等。长湴村当时地处交通要道，四面受日本帝国主义和汉奸和国民党反动派等等骚扰破坏，但始终站稳立场跟党走，英勇斗争，该村的广大群众特别是进步农民是经得起考验的。我个人认为应该划为革命老区。请天河区委、区政府批准。

徐幽明（已离休）
1992年12月13日

（徐幽明同志是我部离休干部，以上是他所提供的情况——中共广东省委统一战线工作部调查核实）

莫福生证明材料——有关长涾乡革命历史（的）一些情况

1936年中山大学（简称中大）的学生成立一个"乡村服务区"（名称全部记不清）是为中大附近四周的乡村开展文化启蒙活动，是一个服务性的群众团体，在各乡开办青少年农民文化学校（夜校），并开展中青年的文化活动等工作，长涾乡是其中一个。

长涾乡我们未去之前已有不少同学去活动、负责了。如陈钊、谭朗钊等。他们是毕业班，因此我们便于1938（年）初，就接了他们的班到到长涾乡去负责了。最初我们（包括杨瑾英、廖衡、李家珍等同学）只是晚上前往。那时我党领导的"中青"由秘密转为公开活动的"抗先队"，我们是"抗先队员"，也是共产党员。去长涾活动，（19）38年暑假前后和暑假期间，我和廖衡、杨瑾英、陈柏如（夏冰）、李家珍、刘坚和中大附中一部分同学（都是抗先队员）到长涾住下了，每晚都与青少年和妇女上文化课，宣传抗日，并讲述一些马列主义的革命知识。当时学员学习是积极的，抗日热情高涨。其中梁万益（团）、梁光明、梁××（梁基的兄）、梁举、八妹等更为积极，当时我们中大留校的党支委都到长涾工作去了。

1938年上半年，我们发展了该乡第一个党员梁万益（团）。他是由廖衡（行）同志介绍入党的，并成立了"广东青年抗日先锋队长涾分队"。记得又〔有〕一次（38年）廖承志同志在广州哥伦布酒店，起来讲了话，震动了全场。据说该乡的抗先队员当时广东第一支农民抗先队。成立抗先队后，他们经常举行参加了广州市的社会活动、抗日活动。

1938年大中学校学生集中军事训练，我们便离开该乡回校参加集训。不久日寇〔军〕在广东沿海登陆，广州危急。（我们）曾与长涾乡的梁光明等同志联系，主要是了解该乡的青少年活动情况，鼓励他们坚持抗日，并与梁尚立同志去与他们联系，开展工作。

　　1943年,组织上派我到增城县委工作,县委同意通过长湴乡同志的关系开展沙河长湴乡一片作为我们开展工作活动范围。决定后首先派了杨德元同志到长湴,以教书掩护开展工作,其后通过当地的同志社会关系派了徐幽明同志到凌塘,继而王永祥到南和庄,以后在长安墟、石牌、新塘等地建立我们党的据点,开展革命工作。这都是我们党的同志通过当地的进步群众的活动而开展起来的。长湴乡就是这一片革命工作开展的起点和中心。

　　当时增城县委为此而成立了增(城)番(禺)工委,以领导这一片工作,当时我是增番工委书记。

　　1946年以后,我的工作转移了,对长湴的情况不甚了解,但也曾介绍过他们的骨干梁光明、招新等同志到东莞等地去(与)我部队联系。

莫福生
1990年5月7日

　　(莫福生同志为我委老干部,离休,中共党员,情况可供参考——中共肇庆市计划委员会)

廖行证明材料——有关抗战初期长湴乡的工作

　　1938年夏,当时我所在的党组织——中山大学工农学院党支部派我到长湴乡工作。同去的有工学院的莫福生和农学院的杨瑾英。我们三人组成一个党支部,由莫福生任支部书记。在此之前,中山大学一些进步学生团体曾以开办"乡村教育实验区"的名义在石牌附近各乡开展工作。长湴乡是其中工作基础较好的乡。我们去的任务是动员农民参加抗日运动,并积极发展党组织。支部以民众夜校为阵地,宣传抗日、宣传苏联社会主义。与个别较先进的农民接触，则启发其阶级觉悟，进行党的教育。大约在9月间，由我介绍发展梁万益入党，该乡从此便有了第一个党员。

不久，由广州去了陈湘如（夏冰）、李家珍和刘秀文（刘坚），支部成员便增至六人。指导力量增强，工作开展很顺利，影响力遍及上下元岗一带。广州市委认为长湴的群众基础较好，曾经在那里举办过一期党员训练班。除我们支部的同志之外，中大其他学院的党员也有参加的（社会、文、法学院的钟远蕃、许侃等人都参加），由市委领导人罗范群、吴华等同志主讲，为期十天左右。

长湴的工作也引起当时广东青年抗日先锋（队）的总（队）部的注意，相继派出一二十人来帮助发展农村抗日。这班青年都很热心，走家串户做宣传动员工作，很快便成立了长湴乡抗日先锋队。成立之日，总队部派人去参加，亲授队旗，情形十分热烈。其时，廖承志同志到达广州，在财厅前哥伦布餐厅（即后来的美利权餐室）召开各界代表座谈会。长湴的梁容举代表长湴抗先队出席，并发表演说。后来的事实证明，长湴抗先队是广州郊区唯一的一个农村抗先（队）。

我们工作时间不长，但由于大家共同努力，终于在那里建立了抗日群众组织，发展了党，这就为后来该地区的工作立下了基础。

廖行（廖衡）
1993年2月8日于沙河干休所

（此材料由我所离休干部廖行同志提供——中国人民解放军广东省军区沙河离休干部休养所　1993.2.10）

陈启证明材料——中山大学师院中共地下党在长湴乡活动的回忆（一九四六年九月至四八年八月）

抗日战争胜利后，国民党反动派为了坚持独裁、反共，在全国公开发动内战的同时，对"中大"学生运动进行了残酷的镇压和逮捕，长湴乡党组织领导梁明招新等为了掩护中大进步同学和对〔把〕一些已暴露身份的同学安全转移到香港和游击区，决定加强联络站的领导，并对中大中共地下党组织密切配合，开展了工作。

一九四六年下半年，国民党反动派为了加强对学生运动的镇压，派出青年军学生到冼村，"三青团"学生骨干到龙眼洞进行活动，同时也派出一些反动分子陈梅生、丁泽生等到长湴乡活动。还利用美国基督教青年会（范怀敬）名誉，发救济米、救济布，拉拢群众，企图破坏我党在长湴乡的工作。

一九四七年上半年，"中大"党经过纪念"五四"运动，把"反饥饿、反内战"的学生运动推向新高潮。（党组织）决定进一步充实力量，加强长湴乡工作，进行教育群众，巩固长湴老区，使联络站，为"中大"学生运动发挥更大的作用。

当时，"中大"党领导人施泽霖（工学院）向陈仁恕（陈启）传达："党决定把你从'中大通讯'工作转到师院，重点放在长湴乡工作。长湴是个老区，一九三六年中大中共地下党就派人到那里扎上根子的。党组织有一定基础，但有一些坏人在那里活动，必须采取公开身份（不公开露面已有李志成和其他同志）做公开的工作，为群众办实事，目的是掩护联络站，顺利开展工作，总之，以公开合法的工作，掩蔽联络站秘密活动，保护我们的力量，这是我们斗争的策略。"至于开展工作，采取什么形式，由陈仁恕（陈启）、杨家盛与长湴乡党员招新联系和研究。

根据党的"以公开合法的形式掩护联络站，开展工作"的指导，结合师院实际，决定通过师院教育系主任、省民众教育馆与王越教授出面，并用民教馆办夜校的形式，在长湴乡开展工作。这样一来，一方面由陈仁恕、杨家盛一起到省民教馆（即现在儿童公园后门的市委招待所旧楼）找王越老师商量，取得同意；另一方面找长湴乡招新同志联系。当时，招新同志也认为办夜校，既为乡的需要，又为师院本行，中大学生在这里日夜进行活动，就不容易被坏人有所怀疑，有利于联络站开展工作；但也有一个问题，就是基督教青年会已在这里办起成人班和妇女班，我们再办会不会产生矛盾？经过研究，先办一个儿童班，参加教学工作的有姚管彤、黄妈曼、郑澹怀、汪德简、麦月英，他们自编教材，自己讲课，讲述帝国主义怎样侵略中国，以鸦片战争为例，也讲农民怎样摆脱贫困的革命道理，深受农民欢迎。同时争取调派地下党员和十多位地下学联进入基督教青年会工作的办法，把基督教青年会办的成人班、妇女班都接过来，统一在长湴乡党支部领导和联络站密切配合，形成一个声势浩大的革命宣传教育阵地。

这段期间，他们还为乡里村与村之间，因水利问题引起不和的纠纷调解，密切了党群关系，为"中大"掩蔽进步学生和输送学生到游击区的场所。（一九）四七年"五三十"运动前后，国民党反动派在六月一日，派出大批宪兵到中大学生宿舍进行大逮捕，抓走部分学生，有何绍芳等。在这紧急时刻，长湴乡党支部和联络站研究决定，一方面通过师院王越教授出面保释放出部分学生；另一方面他通知我带二十多个进步学生带到长湴乡暂时住下，然后，分批转移经过增城，再往游击区香港去。他仍在长湴乡的活动，是在极端困难的情况下，坚持到一九四八年八月，直至党的领导人肖曙华（法学院）同志通知：李志成、陈仁恕（陈启）已有（上）黑名单，需要迅速撤退，接着黄嫣曼、汪德简也陆续撤到香港。之后地下联络站的负责工作先后由李尚林、赖广汉接替,直至迎接解放。

回顾这段历史,在长湴乡党的领导下,采取公开开办夜校的形式,掩护联络站,做好保护和转移学生工作,起了积极的作用,也就完全实现了党交给他们的任务。

陈仁恕(陈启)
写于一九九一年六月

(陈启同志中共党员原是我局副局长,离休干部享受厅局级待遇,所提供材料供参考——中国共产党广州市第二轻工业局委员会组织部 1992.11.28)

招家勋证明材料

我回忆日寇〔军〕侵华时期,我村人民生活非常困苦,每日天未亮就上山砍柴连忙将柴出售,然后有钱买米,晚饭才有得食,朝不保夕,连马粪中的豆都用来充饥,个个黄皮骨瘦,真正是民有饥色、处处有饿殍,天天起早摸黑,长期省吃俭用,很不容易才积蓄一笔钱来买耕牛。耕牛就是农民的生命财产。当时盗贼如毛之多夜夜都来偷耕牛,并且越来越猖狂,一夜偷去四五只,连被偷去20多只。捣到牛主晚上用铁链锁住耕牛。稍为生活好的人又受到盗贼威迫,穷的人活活饿死,如招苏、大山基……盗窃越来越多,于是我村地下党组织人招新、梁明、梁容毕就组织我村的青年起来加强防守,才禁住这股偷牛风,又推翻伪村长梁恩,由支部举荐梁标任我村村长。从〔重〕新建立了两面政权(白皮红心)有了治安青年会之后,逐渐太平,农民得到安心生产,我两兄弟也参加这个治安青年会,从而接收党的教育。

我也为党做过滴点工作,如在解放前,我在中山大学校里五山岳洲路开了间"安兴"蔬菜店，经常替进步学生罗康宁、李建仁、彭英等人送秘密资料到广州市永汉路兄弟图书公司。反动特务围守查学生宿舍时，进步学生将进步书籍放在我家有几箱之多。

有不少进步学生在我安兴菜〔蔬菜店〕躲避脱险。有一天一个进步学生逃到我店时，学生宿舍已被包围，情况十分紧张。他问我如何能脱险，我就马上脱了自己穿的衣服给他穿化装成一个农民的样子，由小路逃避，这位进步学生现在华南工学院任教授，名叫彭华。

本人也同进步学生温而新、李尚林、赖汉广、谭学贤一起参加长湴夜校上课，当义务教师。

一班进步学生被国民党反动派捉去广州市仓边路监狱时，我与梁华火去探监慰，问我现在不能一一把每个进步学生的名写〔字〕写出来，只记得现在华南农学院的教授刘树基。

1949年，当时国民党反动派要凡是中国共产党都要集中于东北。当时有进步学生要去香港，如李自诚、李健仁、罗康宁，我借过几十元港币给他们作急用。

蒋介石原想将中山大学作为他的总统府，结果不用时设〔撤〕离到台湾的时期，附近村的歹徒就来校骚扰、破坏，损失不少仪器和教学用品。当时长湴村派来几个人几支枪保护了师范学院，后来院长王越送了一批标语来话感谢长湴农民之意，还送了贰佰元给长湴学校。

长湴学校退休教师招家勋
于1992年12月6日
广州市天河区长湴小学（印）

招振强证明材料

　　沙河长湴村在抗日战争沦陷前已是党的活动据点，是个老据点，直至解放，党在这里的活动没有停止过，是广州近郊接近敌人心脏的一个老据点。（长湴村在）抗日战争期间建立了党支部，有党支部掌握的武装队伍，有"白皮红心"的乡人民政权，有较好的群众基础，长期坚持了革命斗争，保护了群众利益。解放后，公开党的时候，番禺县委表扬了解放前长湴村地下党支部和群众长期坚持革命斗争，未有出过事故，安全保护了党，保护了革命工作，保护了群众利益。长湴村是够条件划为革命老区的。

　　长湴村是我的家乡，我是抗日战争时期在长湴村参党的，1945年至1947年我是长湴村党支部成员之一。当时王日新同志任长湴村党支部书记。1947年我同王日新同志调到南海县开展地下工作。长湴村党支部书记由叶明华同志接任。长湴村所写的材料情况属实，我是抗日战争时期长湴村党支部成员之一，我可以证明。

　　1936年长湴村就已是党的一个活动据点。

　　1938年党派莫福生同志在这里建立了广东青年抗日先锋队，队长陈恩，副队长梁万益、梁帝添。队员有30多人。我的哥哥招礼绍也是当时的抗先队员，他是沦陷初期被日本人杀害的。

　　1944年党派王日新同志来长湴村开展工作。梁明、招新入党，建立了党支部。王日新同志任支部书记。党支部共有党员5人。在党支部领导下，同东江纵队密切配合，依靠群众开展了革命斗争。党支部发挥了战斗堡垒作用。

　　1944年梁明、招新两同志到东莞地区抗日模范团学习回来，组织了我们自己的武装队伍，成立维持治安委员会，负责人梁明、招新，武装队伍成员有梁容基、梁容彬、梁帝真、梁安、招振强等140多人，有40多枝〔支〕七九步枪。群众自己购买枪支参加人民武装队伍。这个队伍公开身份是长湴村自卫队，是党支部掌握的武装力量。

1945年党支部领导群众把日伪的维持会长梁恩赶下台，我党支部推出靠拢我们的梁标任维持会长，后改为长湴乡政府，仍是梁标任乡长。乡政权完全掌握在我党支部手上。

当时长湴村的斗争形势很复杂，有日伪，有土匪，有国民党的顽固派、反动派。在党支部领导下，有人民武装力量作后盾，又掌握了乡政权，有群众支持，我党在长湴村开展革命斗争完全掌握了主动权，优势属于我们。开展各项工作，各种斗争得心应手。从多方面支援了抗日部队，武器枪支支援部队，掩护部队活动，留宿掩蔽的同志等。在长湴村开展对日伪斗争、对土匪斗争，对国民党的顽固派、反动派斗争，都取得了很多成绩和胜利，保护了群众，保护了群众生产利益，支援了抗日部队支援了抗日战争。

特此证明。

证明人招振强
1992年12月20日

（招振强同志是原南海县委副书记、县长，开平县委书记，原佛山地区农办副主任，现在是佛山市农业委员会的离休干部，享受地专级待遇——佛山市农委　1992年12月21日）

二、非天河区籍人士记述文章

广州东郊解放前党的地下斗争

徐幽明

抗日战争初期，广州市东郊即现在的天河区已经有中国共产党的地下组织在活动。当时在石牌的中山大学（后迁到河南）就有学生林砺予等同志在长湴村开办夜校，以教农民学文化的方式宣传马列主义和党的抗日战争方针政策，播下革命的火种，以后又受抗日先锋队的影响，村中一些爱国青年加入了抗日先锋队。

  1942年春，中共增城县委书记杨德元同志亲自深入到长湴以教学为掩护，在这里开展地下工作。在他的领导下，广州的一些地区和长湴附近的凌塘村、沙河和东圃等地都先后建立了党的地下组织和情报交通线。1943年春天，我受广东东江人民抗日游击队（简称"东江纵队"）党组织的委派，由增城县委组织部部长莫福生同志引带我到长湴村见到杨德元同志，由他直接安排我的工作。不久我被委派到凌塘村以教书为掩护开展工作。凌塘村是一条较小的村，多数是农民，经济条件本来就差，在当时敌伪盘踞剥削下，人民生活非常困苦。由于我党的东江纵队第四支队经常在罗〔萝〕岗附近活动，凌塘村受革命的影响较早，村民的觉悟较高。村中的青年梁池、温露和邻村的简应等同志曾经秘密到部队联系并请示如何开展情报工作。梁池同志还经组织同意当了村中的伪保长，以此为掩护开展革命工作。

  我到凌塘村后，通过教学对学生和青年进行爱国和抗日的宣传，从中逐渐了解村中青年及上辈父老的思想情况，为发展组织做工作，同时也取得村中群众的信任。当时，日伪常常到村中要粮要钱，并要做各种差事，当地父老便准备找我出来应付日寇〔军〕和汉奸的折腾，认为我是教师，有文化，又是外地人，可以胜任这件工作，提出要我为他们当伪副乡长。我一听有些突然，但转念一想，如果有这个伪职作掩护，对我开展革命工作将很有利，但做不做必须由组织决定，于是对村民说我要好好想一想才能决定。下午立即赶到长湴请示杨德元同志，杨德元经过再三考虑，认为这是个掩护秘密工作的好职务，决定让我接受伪副乡长的职务。并指示我，既要小心谨慎又要大胆积极，利用伪职为革命开展工作。

东圃镇当时是敌伪第四区署的办公机关，是敌人的政治中心，统治着附近大片的农村，处处是日寇〔军〕的鹰犬，便衣队、蓝衣社等特务组织横行，人民恨之入骨，敌我斗争尖锐复杂。

党组织指示我，一定要在东圃建立秘密情报组织，发展党的组织，深入开展抗日救国的宣传教育。在一段时期里我集中精力对伪区署里的各村乡长进行了解，知道一些乡村如石溪、车陂的乡长比较可靠，有很多乡长都是被迫出来，并不都是死心塌地为敌人服务。况且凌塘村梁姓和车陂村梁姓都是以兄弟相称。我又因在凌塘村教书认识车陂村的青年梁道（已故）、梁泉（已故）、李根和李悦等同志，并成了朋友。在党的教育下，1943年他们都先后加入了党的外围组织"中国抗日大同盟"，成为东圃秘密组织活动中的中坚力量。

随着形势发展和实际工作的需要，要求我们必须尽快建立情报站。当时杨德元同志因工作需要已离开广州，东郊党的地下工作改由王永祥同志（解放后任中医学院党委书记）负责。经请示同意后，决定早日建立情报站，并以东圃福安纸铺作据点，由梁道同志（已故）负责领导其他几个同志开展工作（这些同志1949年参加了广州东北郊人民游击队），后来吸收了爱国青年苏权同志参加，于是东圃对敌斗争的情报迅速发展起来。不久，温露同志又主动建议并集资开办"源栈"烟铺作为我们的地下联络站，曾起过积极的作用。可惜铺内人员复杂，经济拮据，不久便结束了。情报工作主要靠福安纸铺。在抗日战争中，福安情报站积极收集情报，揭露国民党反动派的阴谋，掩护来往同志，做了很多工作。尤其是在1949年建立广州东北郊人民游击队前后，它更加积极搜集东圃一带的情报上报组织，并积极掩护同志。当地下党员赵仲垣被特务追捕时，情报站的李根同志临危不惧作掩护。广州解放后，部队的同志无经费过河返市桥，李根等同志又献出黄金、港币等解决部队急需。附近村庄的学校我们常常主动去联系，其中新塘村的教师戚宝友（戚思成）同志在当时对党的方针政策还不甚了解，但对我却能抱着同情及支持的态度，这在当时敌伪横行的恐怖日子里是难能可贵的，所以新塘村很快又发展了以简杜平、简锡兴等十几个同志参加的"中国抗日大同盟"小组。这样，凌塘村就有了新塘村的兄弟组织，成为犄〔掎〕角之势，东圃情报站就不再是孤立的了，而且杨德元同志又早在长湴建立了党的组织，对凌塘村更是起着推动、照应的作用。

1945年，日本军国主义败局已定，国民党乘机大打内战，党组织指示我们千万不能麻痹大意，更应警惕做好工作。不久新塘（增城县的）党的地下组织安排了袁江和陈汉华同志到禺东的庙头村、沙浦村开展工作。经过一段时期，沙浦村建立了党小组，为以后建立的广州东北郊人民游击队提供了大量的人力和武器，成为番禺东区的有力据点。

值得一提的是，1944年夏天的一个夜里，凌塘村突然被土匪伏击，入村抢劫，我当时生病，逃避不及，被抓打伤。由于情况紧急，不知道是政治性的土匪还是经济上的土匪。我见机行事，趁土匪忙于抢劫，连忙挣扎着站了出来。这时，天已将近黎明，土匪也陆续撤走。群众见我受伤，立即为我疗伤并安排我休息，我马上把情况向组织作了汇报，组织指示我好好治疗，提高警惕，防止暴露，同时深入群众，了解土匪情况。当时，我还是伪"副乡长"。突然，驻扎在岑村机场的空军派人通知我，马上到指挥部汇报"红军劫村"的情况〔岑村机场是日寇（军）企图长久在这里实行军事盘踞而兴建〕。旋即,我来到日寇〔军〕办公室,冷静地报告了昨夜的情况,说昨夜是附近地方的土匪进行抢劫,并非红军劫村,凌塘附近都没有发现红军的活动情况。敌人再三查问,都没有收获,我以身体有病又要回村庄教学为由,向通译讲情,最后,敌人默许我离开。回来之后,我再三寻思,是否我的工作暴露了?我们组织内部有没有问题?想来想去都想不到有什么破绽之处。过了一段时间,我从广州大东门坐车回村时,李荣光同志(李是梁池的同学,和袁荣同志等都是抗日大同盟的成员)骑着自行车从后面赶上来告诉我,说:"你已经暴露,不能再回凌塘村了。"回到东圃,我看见梁池同志,才知道是他叫李荣光同志通知我的,并说这是凌塘村姓温的地主向敌人告的密,说我是红军。我立即向王永祥同志作了汇报,王永祥决定让我立即撤离凌塘村,便通过长滆村招坤(招振强)同志的关系,把我转至东山杨箕村再以教学掩护开展工作。不久,组织上又通知我立即离开杨箕村返东江纵队司令部政治学习班学习。这样,我就离开广州东郊,重返罗浮山了。

我回司令部不久,就知道日寇〔军〕投降了,形势发展很快。短期学习班结束后,组织指示我立即到增城县工作。1948年夏天,又调我回广州市东郊工作,这时党的地下组织番禺县工委正式成立,周健夫同志指示由我分管广州禺东、禺北区工作。

禺北地区主要包括流花桥至增城、从化交界的帽峰山附近一带的地区,石井、嘉和市、江村、高塘等地在抗日战争时期就有一定群众基础,民主同盟和农工民主党负责人梅日新同志在当地发展组织较快,增城方面又有东江纵队第四支队的活动,开展游击战有着很好的条件。为了配合大军南下解放广州,番禺县工委根据珠江特委关于有关在广州郊区建立武装部队,打击敌人,维护治安，支持前线等指示，经过短时的准备，又和梅日新同志商量，他主动率领农工党全部党员参加游击队。1949年7月（编按：实为8月），经番禺县委批准，正式成立广州东北郊人民游击队，并以禺北帽峰山为根据地，联系太和市、龙归市、石井、嘉禾、江村、高塘，以及禺东的长湴、沙河、东圃、车陂、棠下、凌塘、沙浦等地党的地下组织和人民群众开展游击斗争，直至1949年10月14日，广州宣布解放。游击队奉上级命令也随之进入沙河维持治安、交通等，不久又奉命回驻市桥，在县委直接领导下开展工作。

（作者系原广州东北郊人民游击大队政委，本文摘自政协广州市天河区委员会编：《天河文史总4》，1995年1月）

《难忘的岁月》诗选

说明：《难忘的岁月》为杨家盛于1994年所作。1947年，杨家盛曾和中山大学的革命师生来长湴担任民众夜校教师，在共产党领导下进行学运工作，后又转赴粤桂湘纵队。中华人民共和国成立后，杨家盛在地市机关从事党政工作，20世纪80年代任中共雷州师专党委书记兼校长。诗歌的注解亦为杨家盛所作。

长湴村夜校

雨暴风寒视等闲，灯光追影夜阑珊。

传书长湴三缘[①]结，学运沸腾农运援[②]。

[①] 三缘，即，探讨对夜校学生的文化教育、团结办夜校的中山大学同学、开展郊区农民运动工作。

[②] 农运援，当时党指示：通过办夜校，开辟支持中山大学学运的农村据点。

成立工委会

千夫所指剥衣冠①，两曲②雷鸣鬼蜮翻。

太保喽啰纷落马，黉宫战士竟登坛。③

敌前立誓惊豺虎④，夜半呼声动地天⑤。

工委旌旗石牌⑥艳，南天学运涌狂澜。

---

① 剥衣冠，指假扮学生的校外国民党特务被揭破，也指在大会的激烈交锋中，反对派的罪行被揭破。

② 两曲，即《团结就是力量》《你你你，你这个坏东西》两首歌。大会开始时，中山大学同学用雷鸣般的声音唱起这两首歌，很快将一小撮反动分子的嚣张气焰压倒。

③ "太保"二句，指1947年5月24日上午，中山大学全体学生在体育馆召开大会，经过激烈较量，特务们的破坏阴谋被彻底粉碎。大会选出了由45位同学组成的反饥饿、反内战、反迫害的工作委员会，负责大会决议的执行。委员中中共党员、爱国民主协会会员占了三分之一以上，而特务提出的名单全部落选。工委会的产生，是中山大学学运踏上大规模公开行动的标志，预示着南中国学运风潮的到来。太保，指蒋介石十三太保之一、广州特务头子黄珍吾。5月23日晚，黄珍吾亲入石牌，召开三青团青年军骨干会议，布置破坏中山大学学运的任务。

④ 敌前立誓惊豺虎，描述的是5月27日下午，由于学校当局拒不承认工作委员会的合法性及它是广大同学的代表，全体同学包围了学校办公楼，当着"训导长"的面举行了工作委员会成立的宣誓仪式。大会一致决定，响应平、津等地同学的号召，举行"反饥饿、反内战"示威游行。

⑤ 夜半呼声动地天，描述的是5月28日11时，一辆满载军警特务的汽车开进了石牌，消息立即传遍了各个宿舍，一时钟声四起，1 000多名同学从梦中跃起，许多人穿着背心、短裤便冲出宿舍，拿着木棍、砖头手电筒和火炬，冒着狂风暴雨，把工委会的所在地文学院大楼团团护卫起来。他们高呼"誓死保卫工作委员会！""誓死和特务斗争到底！"的口号，随后又包围了训导长的住宅，再次要他保证工委同学的安全。反动派破坏中山大学学运的阴谋再次被挫败。

⑥ 石牌，现在华南理工大学所在地，中华人民共和国前为中山大学校址。1952年，中山大学搬至石榴岗现址。

宿石灰屋①

红楼悄出夜如磐,长涩别柄石灰沾。
三掌击开天幕白,晨曦照我战场还。

祝王越教授②90寿辰

石牌长忆沐春风,师德师教几梦萦。
桃李满门蜚宇内,弦歌立史③树霓旌。
阵云三诺④高山仰,动乱旬年景行明。
九秩遐龄遥祝愿,岭南松柏叶长青。

重读1947年旧作有感⑤

追风伏虎忆英年,笔底雷霆撼大千。
半纪云烟原壮丽,笑将白首换朱颜

---

① 1947年6月2日夜,何锡全和作者等5人,夜宿长涩村外一石屋中,并约定以击3掌为号。由夜校招新同志假扮拾粪农民,凌晨先往中山大学侦察,无敌情则击3掌,然后则取道回校。

② 王越教授,广东省兴宁县人,我国著名教育家;曾任暨南大学副校长、顾问,广东省政协副主席,全国政协委员。

③ 弦歌立史,王越教授从教60多年,中华人民共和国成立前曾任教于中山大学师范学院。他精研教育理论、中国教育史,出有专著多种。

④ 三诺,王越教授曾是作者的老师。1947年秋,作者曾根据组织意见与王越教授达成君子协定三点。即,支持中山大学学运;利用社会关系,收集国民党镇压学生的内部情报;设法安排被迫撤离中山大学的同学就业等。1947年12月底,作者奉组织命撤离中山大学,事前曾得到王越教授告知:国民党准备元旦大逮捕,黑名单上有作者的名字。

⑤ 1994年6月,作者得到姚管形同学从广州寄来的1947年《中山大学"5·31"反饥饿反内战运动总结》复印件,感而赋诗。

我的学生时代[①]

黄焕秋

我记得似在这时,中共有过一个"到农村去"的号召。1936年5月间,邹鲁(中山大学校长)在进步师生的推动下,提出在石牌校区附近的十个乡村,开办乡村服务实验区。这十个乡村是:岑村、长湴、上元岗、下元岗、东圃、石牌、冼村、猎德、杨箕、寺贝底。当时这些都属广州郊区农村,现在有的已成为市区。中大乡村服务实验区主要进行三方面的工作,即进行社会调查、开展文化教育和抗日宣传、进行农业科普工作,三个方面都有显著的效果。社会调查对青年学生和农民两方面都有很深的教育意义,教育宣传及科普工作也反应良好。我工作过的长湴村,有青年班、妇女班、扫盲班、失学儿童班,还试教过新文字。

1937年6月底,我从中山大学毕业离校,长湴村的工作交给余明炎接班。他后来在长湴村组织了农村的青年抗日先锋队,成为广大青年抗先队伍中的一支农民力量。

三、天河区籍人士记述文章

新塘、凌塘人民革命斗争史[②]

梁 池

前 言

1986年9月25日,中共广州市郊区委员会党史办来函,拟广泛征集广州市郊区党组织活动的有关一切资料,编写党的组织史。

我抱着实事求是的精神,反映新塘与凌塘两村的农民子弟、

---

① 引自黄焕秋口述:《我的学生时代》,载《广州党史》2015年第一期。
② 摘自《新塘村志》,2006年。(内部资料)

在中共地下党哺育教导下，从无到有，从巩固发展到扩大，在政治思想指导下，在没有任何条件与报酬的情况下，自觉自愿投身革命行列（的历史）。（他们）从抗日战争到解放战争，在各项对敌斗争中，出过汗、流过血，甚至献出生命和财产，克服一切困难，团结一致，共同努力完成任务，为民族独立和人民解放作出了贡献。

写这份"两塘"（即新塘和凌塘）同志在党的领导下，投身革命活动，只是我的回忆。虽然经过与原抗盟及武工队同志个别分别交谈，作过补充和修正，（资料）还是很不完备。我虽是党组长、武工队队长，但事隔数十年，很多史实难以尽述。倘有遗漏或失误，请知情同志多多见谅。并欢迎更正补充和提意见。由于我的文化水平比较低，难免用词不当，请编写革命史时代为更正。

中共地下党在广州近郊农村开展抗日斗争活动直至解放胜利。

一、两塘地处敌伪顽匪边缘地带

新塘、凌塘两村相隔1 000米，耕地相连，位于广州东郊。隔20 000米，原属番禺县，现（属）天河区。西面5 000米为原中山大学校址（现华南工、农学院），沦陷时被日军占用为"南支派遣军司令部"。（日军）曾在此杀了无数爱国人士及迷路误入的无辜百姓，（此地）是个杀人魔窟。（两塘）西距岑村机场1千米，是敌军事重地，南距东圃墟5 000米，设有伪番禺县四区署，伪区长苏林森（绰号"东圃皇帝"）驻有伪绥靖军和平救国军及以钟棋为首（的）伪刑警队，并以罗德财为首日本宪兵密侦队。东圃东面5 000米是黄埔港日军军用码头，因此东圃墟便是敌伪重点防地，苛捐杂税、开烟设赌，压榨百姓，民不聊生。两塘南面1 000米黄村机场是日军军事重地，两塘西南方面便是敌伪军防卫重地。两塘东面15千米的罗〔萝〕岗火村，常驻有潘文虎为首的国民党杀敌队，并有以钟文跻、钟万常为首的两股土匪武装队伍设"堂口"盘踞。两塘北面5 000米的联和墟是以周润为首（的）杀敌队所控制地段，西北面5 000米的龙洞又是以谢活荣为首杀敌队所控制地段。这些别动军、杀敌队和土匪队伍，都是打着抗日旗号派人到各村强征军粮，摊派落户，并拦路截抢，打家劫舍，掳人勒索。因此两塘及邻近乡村人民处在西南两面受敌伪欺压、东北两面又遭顽匪迫害，是在多重苦难日子里挣扎求生存。

二、中共地下党组织领导两塘农民子弟起来抗敌斗争

两塘西面2 500米的长湴村是中共地下党早期活动基地。曾先后有黄焕秋、廖衡、莫福生、王永祥、杨德元等领导同志活动过，组织农民"抗先队"。1942年通过长湴村梁基同志与凌塘村梁姓同宗关系，由杨德元同志安排徐幽明同志（化名刘君政，意思是留下军政人员）到凌塘任教师作掩护，并兼职任伪乡长，从事革命活动。（他）日间教儿童认字外，还编写些有针对性诗词，教育青少年。如当日军摊派劳工筑岑村机场时，徐（幽明）便编了一首诗"农忙在即要抛秧，几多工夫落田忙，往筑机场何日了，叹惜人间遭劫场"。（他）在晚间又办夜校，动员青年参加学习，从中宣传教育，灌输民族爱国观念，激发对敌仇恨，检测每个青年觉悟，有步骤地做好发展对象工作。青年中我原生长在广州市内工人家庭，受过小学教育，因敌机空袭广州疏散回村，由父亲承租二亩公尝田来生活。两年前父亲因过度劳累病故，余下母亲、妹共3人过着半饥不饱生活。经徐（幽明）了解梁〔我〕是个苦难较深、觉悟较高的青年，便吸收为抗盟成员，并布置梁〔我〕串连〔联〕村中青年梁坤、温华、温露共4人成立抗盟小组。我为组长，温露为宣传委员，梁坤、温华为组织委员。当时任务是与长湴及各村联系，传递信息，携带文件。（抗

盟小组）为了安全要绕路过岑村机场，在村内团结群众、宣传抗日，曾动员村内两青年在1944年参加东纵（东江纵队，下同）四支队。但韦森、韦全这两位青年经不起部队艰苦生活回了村。

为了扩展组织力量，我又以同宗同姓关系，1943年在东圃福安纸料店串连〔联〕梁泉，经徐测检教育了解后再串连〔联〕组织成立抗盟小组。（小组）以梁泉为组长，李根为组织委员，李悦、梁道为宣传委员，并以福安店作为联络站，布置监视敌伪动态，并运用肩挑贩卖走四墟来搜集敌情，及时报送，起到了监视敌人前沿哨所作用，又是我方在东圃的秘密宣传员，在群众中宣传抗日，揭露敌人罪行。1945年，在他们共同努力下将东圃敌伪据点人数、武器装备、活动规律摸清，绘制过一份略图简介提供部队，为消灭东圃敌伪做准备工作。

为扩展组织力量，我于1943年以同学关系，将广州大东路48号兴荣钟表店的李荣光及越秀北路启明坊六号袁荣（人力车夫）分别由徐（幽明）主持发展他两人为抗盟成员；布置他们监视敌情，秘密在群众中宣传抗日爱国思想。为了加强对这两同志的领导工作，由徐（幽明）转交上级派陈友同志（化名何松）联系领导袁荣同志，派王其昌同志联系领导李荣光同志，及布置他们工作（王其昌本来曾在长湴任教，互相已认识，但仍需遵守原则纪律、互相只作心照不作过问）。上述这两据点在东纵北撤后，便成为我党隐掩点。

1943年，由长湴梁明同志，通过其姐夫关系，串连〔联〕青年，并由地下党安排在凌塘任教作掩护的徐幽明同志主持发展组织抗盟小组。组长简锡兴，组织委员简应，宣传委员简振友，继后徐（幽明）再发展新塘教师戚思成，并串连〔联〕简杜平、简树绵等数人参加抗盟，并布置监视敌情，宣传抗日工作。由于新塘村较大、人口较多，又绝大部分姓简，是比较单纯的村，因此开展工作比较顺利。1944年还动员简善昌、简财福、简应、简华耀、简宝全、简住均等十多人先后参加东江纵队（第）四支队武装部队斗争。

因工作需要配合，由徐（幽明）引见新塘、凌塘两村抗盟同志领导人互相紧密联系，共同配合，为共同目标搞好工作。1944年冬，由徐（幽明）选送我往东纵四支队办的民兵骨干训练班学习，政治主任陈坤同志，担任政治课，内容讲党史和国内外形势及阶级分析、革命气节（过三关、坐牢、杀头）等。陈（坤）爱人高华同志主持班内日常工作安排及教唱《国际歌》和革命歌，歌词是"黄河结冰不扬波，日本鬼子想过河，河东我军枪炮多，河西我军把脚拖，哟嗨，哟嗨，日本鬼子奈我何"。还有张强同志担任上对敌刺探敌情，破坏敌人交通（火车路、火车头、飞机），纵火燃烧敌人仓库，爆破敌人防地，及伺机打入敌人内部，待机起义等课程。另外由支队副谢阳光同志教军事基本动作射击、掩体防护，及游击战术"麻雀战"等等。在班学习期间由张强、高华两同志介绍我参加中国共产党。学习时间虽是短暂，但收益甚广，在实践工作中学用结合，为日后工作打下了基础。徐（幽明）1945年奉命调回东纵司令部，接受新任务，便将两塘（新塘和凌塘）及东圃抗盟联系工作交梁（明）联系领导，并由上级重新派来袁江同志（化名袁智明）与我单线联系领导，共同配合工作。东圃抗盟分由袁江同志领导。

三、两塘抗盟在抗日期的斗争行动

1943年冬，驻东圃伪四区署派出一排"绥靖"军到新塘村找伪乡长收种烟税15 000斤稻谷。当时伪乡长采取调和办法，愿交8 000斤，当场被我抗盟与群众反抗，据理抗交。这股伪军气焰嚣张，采取暴力行动，劫持强迫伪乡长引路，集队前往烟田铲烟。谁料我盟员领导同志简锡兴、简振友、简应等先行占据预伏位置，等候他们踏入射程，出其不意分别发射。枪声一响，敌伪军狼狈逃跑，这位伪乡长年老，走不及，被伪军碰撞伤了腿。其中一名伪军逃走不及，躲在树背后，不是顽抗，而是脱掉军服。第二轮枪响，便丢去军服，第三轮枪响，连所配带〔佩戴〕七九步枪及弹药丢掉，只身逃跑。这是新塘抗盟首次奇袭伪军战绩，保卫群众利益、树立我方信誉，打击敌人，增强人民抗日决心。

1943年冬的一天晚上，凌塘下街，突遭匪帮偷袭攻入村内，并将徐幽明同志捉住。（匪帮）强迫他充当开路，搜掠村内农民财物，幸得村内盟员同志与群众及时合力奋勇抗匪。在与匪互相激战中，击毙押徐匪徒，徐（幽明）才得挣扎脱险，但身体已多次被匪徒强迫他引路时用枪撞伤。事后徐（幽明）在群众支持、同志护理下，很快恢复健康。后查明这些匪帮原是国民党别动军周润的队伍，配有轻机二挺，及新式武器装备攻村，结果被只掌握几支七九步枪的（队伍）反击，便伤亡惨重弃尸败逃，一无所获。这次是凌塘抗盟与群众一起抗匪护村的胜利。

1944年春，简应同志刚从部队回村，放下所带宣传品、标语及《前进报》，简振友报说邻近谭村来了两名敌探便衣，借口要伐倒村口大榕树作军用木柴。村民认为这棵大榕树是村里风水树（迷信传统），哀求不能斩伐，否则会给村里带来灾难，并愿意作价付款给他们。可是这两〔俩〕家伙便乘机索要巨款、勒索钱财。（简应等人）经共同研究，立即采取行动。适遇村中青年简胜（花名大胆胜）自愿参加这行动，并自恃胆大，领先到谭村现场，开枪击毙一名叫黎铁（花名铁头老鼠）的敌便衣人员，另一名叫亚杭跪地求饶，经训斥教育后释放。据悉以后他确实洗手不干汉奸走狗。自此东圃这些便衣探员，也不敢轻率外出为非作歹了。

1944—1945年间，新塘附近有一段山边小道，叫长江咏，是三不管地带，又是东圃往返联和的交通要道，经常发生往来商贩被土匪抢劫案件。特别那些肩挑小贩遇劫后，血本被抢光，生活无着，怨声载道。为了解决这个三不管地带，维持社会治安，维护群众利益，经领导研究，采用合法步骤，以新塘村自卫队名义护路，由抗盟选派二三人在该地段设监视保护，使来往客商能获安全。为了解决护路人员的生活费用，车路旁放一只小竹箩，通过宣传活动，任由往来商贩自觉量力捐助。投放多少不论，并无规定。据了解，这临时措施保护人员的收入也不错。往来客商群众反映良好，同时亦为我方监视敌人的一个岗哨。

　　1945年春，凌塘出现一个可疑的青年名叫陈堪，通过不明关系至凌塘伍梅家里充当干儿子，行动诡秘。经周密了解获知：1. 逢联和墟日，他便往联和买些柴来自用（联和墟原是国民党别动军控制地，与我方军事争夺地。我方税收人员三名，曾在该地被害）。当时凌塘村民无人要买柴自用，只有去东圃卖柴度日。这是个反常现象；2. 他经济富裕，经常出钱财食物，搞夜餐手段，以请食为名接触我们，并提出红军一般情况来逗引我们暴露；3. 最后查清他与沐陂村潘汪、潘祖德两人（是岑村机场敌探员）有来往。我们便将上述情况向上级汇报。由上级决定安排新塘拨手枪两支给凌塘抗盟使用，选择时机，活捉陈堪交部队。接受这任务后，凌塘抗盟四人还恐力量不足制服，又发动梁灼、韦胜两人参加活捉汉奸陈堪行动，并连夜押往驻新塘短枪队，再转押部队。据说在押途中，陈（堪）死赖不走对抗，（部队）便（将其）当场处决，清除了潜伏在凌塘村内的敌伪隐患，扫除障碍。

　　四、两塘抗盟经受波澜惊险、流血牺牲考验

　　1945年春，新塘抗盟领导，简锡兴、简振友、简成业三人到凌塘联系工作，在回新塘途中，突遭日军巡逻队用机枪扫射。简振友不幸腿部中弹负伤，由简成业打掩护，简锡兴回凌塘求援抢救。结果简成业打掩护时右肩中弹负伤，简振友抢救无效身亡，成为一死一伤的惨痛事件。在殓葬时，两村盟员（个别）在追悼中表示化悲痛为力量、前仆后继的坚强意志。简成业负伤后，卖掉了几亩田作医治费用，痊愈后解放战争时，继续参加武工队活动，直至解放。遗憾的是简振友同志牺牲后不久，其妻改嫁广州，成为献身毁家的沉痛悲剧。

我方为了扩展，深入杨梅田地区，但为温百良这股反动势力所阻碍（东纵曾在此发生过与别动军战斗，击毙别动军大队长周炳南，我方牺牲大队长尚星光同志），而未能如愿达到目的。由练铁主任布置温露、温华两人（由梁明作联系）作卧底，打入温百良队伍。因此先由温华一人先行前往杨梅田，接近温百良。数天后（温百良）竟突然将温华扣押，准备杀害。幸得该村民温洽桃（早已与温露有交往）力作担保，并主动恳求该村父老出面劝阻温百良，以不要无辜杀同姓兄弟为由，才获放回。后经查悉是凌塘上街教书先生温四友（梅县人）察觉我方短枪队到温露家出入住宿，他是抱着同姓感情派人向温百良密报，至使温华同志遭受惊险，险些送羊入虎口。

1945年夏，我往东圃联系工作后与温露返回凌塘。接着黄权（黄权是东圃源栈烟铺的炊事）随后赶到，说：今天你两人真幸运，离开东圃及时。棠下钟辉（又名黄鱼辉，是日本宪兵队密侦员）带同几名便衣追捕你两人，一直追出东圃车陂桥（广九铁路），因不敢冒险越境追捕，才撤回东圃，继续搜索。（黄权）并千叮万嘱我俩加以防备等语。随后温露集资合伙开设的源栈烟铺宣布亏损，资金被吞没。当时一直认为合伙人搞鬼，未有怀疑其他政治问题，而放弃追查。直至解放后，1964年"四清"运动，才真相大白。该源栈烟铺合股人芦锦山，原是日寇〔军〕宪兵布置潜伏的特工人员，他一直伪装积极，企图刺探我方地下工作人员情况。由于我们严守秘密，未有暴露。此事令人震惊，政治斗争复杂性，危险性、千万不能疏急大意。可是斗争复杂、尖锐，也可说是防不胜防的。时刻要抱着为革命事业献身精神，才能肩负革命工作，走革命道路。

五、由东纵派来情报人员及短枪队，带动两塘抗盟进行斗争

1944年冬随着抗日形势发展，（为）做好解放广州准备工作，东纵四支派出情报站长宋文波同志（又名波仔），带了数名情报人员，深入新塘，在简应家（简应家早已是部队地下党交通联络站）隐藏活动。并派短枪队队长周应芬（又名牙周）同志率领数名队员作保卫及进行侦察活动，带动地方抗盟同志开展工作。

短枪队队长周应芬同志曾多次只带一名小鬼与新塘抗盟组长简锡兴共三人晚间潜往日军黄村机场，进行侦察活动，目标是伺机将日军武器盗出，武装我方，打击敌人。有一次在侦察中，适逢抗日盟军空袭警报，日军狼狈向外疏散掩蔽、险些被日军碰遇发觉，否则便会出现拼杀场面，幸好在天亮前解除警报，才安全脱险。

短枪队曾与新塘抗盟人员简锡兴、简振友等共十多人夜间前往广九铁路旁，在水氹内掩藏埋伏多晚，等候日军护路"巡查队"。目的是进行消灭，夺取武器，为我方使用。可惜守候多晚未遇，因又有其他任务而放弃伏击。

1945年，短枪队终于在长湴配合下奇袭龙洞伪警察分队，摧毁伪哨所，全部缴械。以后再不在此重设哨所。（此役）使敌伪气焰大受创伤，增强人民抗日信心，为我方增添力量。

这支短枪队不单是战斗队，同时也是抗日宣传队。有一次日

间利用在长湴村梁基同志开设的怡珍茶寮作场地，派一名队员在门口守候警戒（用婉言劝说办法、准入不准出），由队长周应芬同志公开向茶客作演讲，宣传抗日统一战线政策及国内外形势，来动员抗日力量；并向每茶客发一份传单、教育群众抗日爱国思想，鼓舞人民抗日斗志。

东纵派来情报站长宋文波同志，经常亲往各地派送我方宣传文件及搜集敌伪军事情况，并加强对凌塘、长湴的同志部署领导工作，并带个别同志（盟员骨干）奔走广州、沙河接头联系，加强敌情沟通，及时传送部队。新塘简财福同志，便是部队与地方专职交通员。

有一次站长宋文波同志带我一起往龙洞村，找伪乡长樊昌海面谈，直接表明身份，是东纵抗日部队人员，是邝爱莲叫来交谈的（邝爱莲是支队长阮海天同志爱人，又是樊昌海的亲戚）；我抗日队伍因工作需要路过龙洞境内活动，希望能以国家民族存亡正义为重，给于〔予〕方便合作；等等。樊（昌海）满口答允，并表示支持抗日行动。这次统线工作，就是为奇袭龙洞伪警察分队前奏准备工作。分化瓦解敌阵，孤立打击敌人，也是政治与军事配合工作。

沙河日军通译郑木（潮汕人）最初是由东纵四支队情报参谋许沸腾同志带引新塘简应同志认识联系的。郑（木）经常向我方提供敌军情况交简应带转部队。为了更进一步方便工作，再由简（应）带长湴梁基同志认识联系。有一次梁基同志往沙河张贴标语后，在郑家住宿，凌塘梁池也曾多次到郑家联系，并获招待食饭。1945年，日军将近投降时，简应使郑（木）教唆日军盗出机枪一挺，由我方共同筹集微薄款给他作为报酬。在长湴梁明、梁基，凌塘梁池共同筹备策划下，（他们）在沙河买了一大袋鸭毛肥料、拨出鸭毛将机枪放入，再用鸭毛复〔覆〕盖，运出沙河，再运往新塘简应家存放；（再）转告部队派短枪队领取部队使用，增添我方战斗力。但这枪款，部队无力清付，便由长涩梁明卖了一窝猪仔款，及凌塘梁池卖掉三百斤稻谷款交郑（木）应付。

六、简应同志家属与群众对革命支持

简母王福如是个中年寡妇，家境清贫，历尽艰辛才抚育独子成人。她能以民族为重，明大义，识大体，支持独子简应投身革命行列，冒着流血牺牲的危险，与敌伪作生死搏斗。同时她也是个抗日宣传员，在村内由简应带往参加东纵的青年的母亲产生恐惧不安情绪，恳求简母要简应带回她的儿子。简母以简应也是独子，而投身革命作解释，说服这位青年母亲，继续安心让儿子在部队工作，投身杀敌。她对外来联系工作同志总是热情接待，她虽然生活艰苦，从无怨言，宁愿自己少食，也让同志食饱。有一次由广州运来军用品胶鞋一批，要求急转部队，交通员又外出未回，简母自愿请缨承担任务，肩挑行程来回近百华里，不怕艰苦，过关卡、越山过岭，安全送到目的地增城县永和东纵四支队驻地。

东纵四支队派来的短枪队及情报人员共有十多人，较长期在她家隐蔽从事工作。她热情接待，妥善安排生活住宿，使各同志甚感满意，都称她为革命母亲。为了进一步搞好情报工作，（她）还请媳妇潘沛天天到近地黄村机场充当劳工，从中刺探日军动态回报。（潘沛）所领劳工报酬（日军剩饭）收工带回家里，与在家掩蔽工作同志分享充饥。

难忘的事（是），1945年简应与我两人从部队回村，一时疏忽大意，没有了解村内情况起了变化、驻扎有敌军，进村后被敌军盘问。幸简母机智地抢先向敌军表态、说（我）两人均是她儿子，是在外做工回家，并愿作担保，才使两人脱险。这与当地群众庇护分不开的。如此母亲实属稀少。可惜革命胜利后她得不到任何待遇答谢，问心有愧的。

七、在白色恐怖下，隐蔽待机

1945年8月抗日战争胜利终于来临，日本帝国主义宣布无条件投降。艰苦曲折残酷的斗争本该结束，谁料国民党反动派独吞抗日果实，制造假和平、真反共反人民的内战阴谋。东纵奉命北撤山东烟台，原东纵四支队派出短枪队及情报人员也奉命撤出新塘，返回部队待命；原地方同志简应、简财福等就地隐藏潜伏，停止活动，积蓄力量，等待时机，转由地下党单线联系领导（当时是由我与新派来的袁江同志单线联系工作）；随后陆续由东纵复员回乡的有简善昌、简华耀等同志（长浬村参加东纵尚有陈炳同志，至今音讯全无，可能已献身革命了）。从此抗盟力量，随着形势变幻，革命转为低潮，表面上已经解体，实质仍在党领导下坚持秘密活动，顽强斗争。我们在秘密战线活动中，保持联系，互相鼓舞坚持下去，以事实揭露国民党反动派发动反人民内战罪行，鼓励坚持对党信念，树立为革命献身的精神气节，为解放事业进行到底的崇高理想教育；对个别失却信心的动摇分子，便采取孤立和警告，最后还是争取教育；另外，掌握时机，利用各种关系打入敌人内部，交朋结友，团结一切可以团结力量，为今后工作积蓄新生力量。对一些同志在当地确实难以维持生活下去，而他本人在外地有其他关系能解决生活，我们是允许他们转移地方谋生隐蔽，保持通讯联系。历史事实证明，同志们均能在国民党反动派白色恐怖气氛下，安全度过，并在稳定中发展扩大力量。还运用合法形式，1948年上级同意新塘简杜平当上"白皮红心"伪保长，1949年凌塘我同样当上白皮红心伪保长，从中展开与国民党反三征斗争，以拖延的办法进行抗交。

八、地下党在两塘扩展组织建立禺东武工队，与国民党反动

派斗争

1948年，党根据国内形势发展，组织成武装力量，以两塘抗盟为骨干，发扬崇高革命意志，动员有钱出钱，有枪出枪，采取抗日时东纵四支队短枪队及情报站活动形式。由于凌塘、新塘两村之间，在抗日时期已有一定基础，很快在新塘选择有简应、简财福、简杜平、简树绵、简料全、简成业等，在凌塘发动有韦森、黄金泉、梁明新等。以我为队长，简应、简杜平为副队长（并吸收简应、简杜平为中共党员，韦森、黄金泉、梁明三人吸收为新民主主义青年团团员，我并兼团小组长）的禺东武工队。手枪不足，先后由长湴、冼村各提供一支，经费自筹自给解决。主要是自己解决，或互相帮助解决。总的来说靠克服困难、团结友爱、互相关心。活动形式吸取抗日时期东纵派来掩蔽活动的方式方法，需要时集中行动，平时分散活动，并且重新恢复原在抗日期的抗盟关系情报站（东圃福安纸料已改为溢丰酿酒厂，人员不变，并扩展苏权等同志）为我方监视敌情和接受由厂捐来转往部队的军需物资。并从中宣传我党各项政策，辟谣，做好扩大组织队伍的一切准备工作。

1949年4月间，地下党领导徐幽明同志主持召开禺东地下党骨干会议，地点在对海琶洲村（现属广州市新滘区）、郑英同志家乡。出席人员有陈明、郑英、袁江、赵仲垣、陈汗华、梁明和我等。时间有十天左右，会上传达国内外形势急剧发展，由各人汇报工作后，便共同研究，讨论今后工作步骤，加快做好迎接大军南下支前准备工作；发动各地武装，（计划）集结成立广州东北郊人民游击队；选定在帽峰山为根据地活动，政委徐幽明、大队长李汉光。6月间成立后（编按：原文如此），副大队长周百尧、梅日新，教导员陈明。平原区委陈康负责联系禺东、禺北地下党组织及各武工队工作。

琶洲会议后接着陈明同志派来凌塘，在我家住下，从事领导禺东各点工作。陈（明）爱人郑瑞琼同志在家里秘密印我党宣传文件：《约法几章》《论人民民主专政》和自编的《农民大翻身》等宣传资料，分发各地扩大宣传。1949年6月（编按：应为8月），广州东北郊人民游击队在帽峰山宣布成立，开展活动。陈明同志调任大队教导员，郑瑞琼同志随调大队迎接新任务，凌塘油印站便停下，迎接新联系工作，并由党代表赵仲垣同志加强武工队领导。

赵仲垣同志在车陂圊育小学任教，作掩护工作，已有多年工作成绩。在该校已吸收教师有郝丽坚（女）、李光磊、蔡铭源、陆素〔陆素磐〕（女）为中共党员，并发展高年级学生梁广富、黄镇邦、潘巨森为党员，秦杏珍、秦少初、秦伟棋、梁万华为新民主主义青年团团员，并由上级在广州调来党员陈楚洁、冯文芳（冯后调往两塘担任妇运工作）两人加强工作。该小学已成为禺东地下党领导的机构，为禺东武工队及广州东北郊游击队给予很大支持。其主要大搞宣传及辟谣工作、话剧活动，并大做统战工作。车陂乡乡长郝英彦，商会会长苏棋，这些上层人物已被统了过来，支持革命。连驻东圊刑警队队长黄棋，已接受待机起义行动。可惜他保密不慎，被国民党广州卫戍司令部李及兰部队围攻，经激战数小时不敌被俘，后不久被处死。

自赵（仲垣）领导武工队，工作进展得很快很好。冼村武工组长冼八、冼全两人均是党员。在校抽出秦伟棋为武工队通讯员，担负圊育与凌塘联系工作。凌塘抽梁明新往大队当徐（幽明）政委警卫员，调送温露担任大队事务长，黄金泉担负凌塘与慕园小学（大队联络站）的交通员。从此广州—东圊车陂—凌塘—新塘—慕园—帽峰山（大队）便形成一条禺东交通联络网点。中途联和墟虽设有伪黄瑍乡，但副乡长张继附，已接受统战、并由我方派出政工干部马秀明同志坐镇工作，因此一般畅通无阻，从未出现不良事故，安全往返。

自宣布成立广州东北郊游击队，集结帽峰山，部队给养，急需经费解决生活，便发动征借军粮、募捐、各项手法进行集资。选择向凌塘地主陈元甫（600多亩田地）、地主温泰华（100多亩）、陈济南（100多亩）为对象，运用统战人伪乡长关系为引线，由部队派出有说服能力政工人员李苏英同志、温露同志两人（温是凌塘人）至凌塘，会同我一起向地主代理人提出征借公粮每亩10斤。他们无甚异议，只要求允许他们向地主反映后答复，并表示支持。不久再在我催促下答允，并确定交款日期。后由我领赵仲垣同志按期接收8 000斤谷款（给回收据）。各地征借公粮募捐，都是靠当地同志出主意提供目标。新塘死地主（编按：指公尝田）也曾征借过，但具体数目已忘却了，是赵仲垣同志掌握的工作。一般是依照借据数目，在解放后秋征时便扣除了。

武工队扩展工作快速，是分头发动组织，统一领导。首先在新塘组织规模较大，有30—40人的农民起义军。随着在棠下潘尧同志（潘尧是东纵复员的）串连〔联〕棠东苏阜、钟占、钟平、苏妹、苏东等10人左右成立农民起义军，在沐陂串连〔联〕潘玉森、潘帝流、潘祖洁、潘宝荣等10人左右的农民起义军，在上社串连〔联〕潘惠棋、潘大敬、潘洪煜、潘细敬、潘线近10人的农民起义军，在岑村串连〔联〕黄柏、罗坤、黄全、黄华福等10人的农民起义军，吉山有梁锦、梁新等，车陂有梁住、梁敬、简宝财等，珠村潘定坚、潘巨良、黄村黄拾仔等。这一带农村虽不能说是我方控制地段，但也算为革命关系的乡村，对革命关系有所贡献。起义军人员表面质量较差，当中有些曾当过土匪，我当时也有异议，怕他们反水遭害，而赵（仲垣）却认为掌握统战政策，土匪我们也要改造它（他们），教育争取为我方力量。历史事实当真证明，除个别解放后动摇外，其余能接受改造。解放前后当地治安情况良好，特别解放后在清剿顽匪中，他们能带头引线追捕，起到一定作用，破获"反共救国军"多个组织系统。镇压反共头目有钟国祥、钟池、钟亮等，镇压顽匪头目周九、欧流文、钟万常等，并缴获大批新式武器，稳定禺东动荡局势，捍卫革命。

1949年7月，为了扩大我方声势，寻找目标袭击敌人，我们选定广九铁路石牌站为目标，驻伪警一分队20—30人，接近棠下上社。我们便与村起义军同志互相研究，决定以东北游击队为主力，起义军担负配合堵截敌援任务，用村中公有重机枪作阻击敌援及掩护撤退任务。这计划行动上报大队，即由大队长李汉光、政委徐幽明、教导员陈明等领导干部星夜率领岑干强中队进入凌塘掩蔽，次日由大队长李汉光同志与武工队队长梁池简应三人一起往现场侦察并布置战略部署。（他们）选定位置，并再约定上社起义军同志当晚行动时间地点会合等；并分头通知沿途的岑村、沐陂、棠下起义军，当晚准备任务行动，并且将女同志所有金戒指拿来变卖作发给被俘敌军遣散回家（的）路费。不料当日下午，我们在归途中发现余英琪部队换防入驻棠下。这次行动便落空，连夜退出在凌塘掩蔽的岑干强中队。

虽然这次行动未如愿，但对这支新建东北郊游击队作为军事行动的锻炼是有收获的。特别对各村起义军影响很大，信誉提高，加强信心，能大胆放手工作，认为我们有后方支持，在必要时便拉队上山归队。

棠下起义军按布置工作任务，截击国民党散兵游勇。1949年8月，他们发现广州敌军车向黄埔港方面运输疏散物资，他们苏阜、钟平、钟占、梁锦等便在棠下村口路旁守候，选择敌军吉普车先后截堵二车，一车缴获手枪三四支，另一车缴获一批无线电器材。敌军车遭打击后，再疏散物资运输车，便加强戒备，配机枪押护，难于下手。

临近解放，敌军崩溃，纷纷溃逃。新塘武工队副队长简应同志接报，敌军在黄村机场掘坑，多次埋下巨型炸弹，企图破坏炸毁机场，便立即集合武工队星夜奔赴现场，果断地鸣枪发射。敌军在黑夜中摸不着头脑，措手不及，未作还击，便在混乱中开车撤离，放弃破坏行动。但我们为了慎重起见，还动员棠下、沐陂、新塘起义军布置在近地监护，连同车陂桥（广九铁路）也在保护范围内。同时，遇上有情况便派人往圃育小学通报，通知送饭菜给坚守岗位同志充饥。据悉这批巨型炸弹爆破性强，幸好能压住，否则新塘与黄村两村也遭殃，解放后才由三八八团部队拆除运走。

料想不到正当解放来临的当晚，我武工队在上社的不幸遭遇。由党代表赵仲垣同志率领武工队，时间约晚上10时，直入上社，向起义军同志传达喜讯来临。但也要提高警惕，严防在敌军撤退时抢掠民间财物，及商议抽选人员准备入驻东圃，维持治安的意图。刚接头还未交谈，便有来人报说，有自称解放军队伍，要开闸进村住宿，因此赵（仲垣）与梁（编按：指作者梁池）、简（应）三人（武工队领导其余留下休息）随同报说人前到村边闸门，与这批自称解放军答话。（我方陈述）夜间真假难分辨，夜间不便进村，如确是真的解放军，也应遵守三大纪律八项注意，尊重民意等语。他们却不作答辩，便鸣枪示威，强要进村。我们也鸣枪示意，阻止进村。随即自卫队便开展护村战斗。我们三人便撤出战斗，退回队员休息地。途中迷失道路，简（应）单人离散，剩下赵（仲垣）、梁（池）二人乱闯。梁（池）寸步不离，保卫上级同志安全，未有离散。结果两人闯入另一方面自卫队防地，被自卫队控制监视，不许行动。我们表明身份与关系，他们也不理采〔睬〕，又不肯带路，也不能传（话），真令人焦急极了。结果赵（仲垣）示意梁（池）强行脱逃，二人互相驳身越围墙，掩藏在水仙花塘里，避过前后交叉火力，才幸脱险，否则后果不堪设想。

留下休息的武工队队员闻讯护村交火战斗，便赶往阵地，与村自卫队一起共同展开阻击战斗。互战约有一小时，这批自称解放军队伍便停火撤走。但由于这三人（武工队领导）失散，便被村中这些不良坏分子污蔑我们是引路土匪，里应外合的匪帮来挑动群众，不容分辩将韦森、黄金泉、简财福、简料全、秦伟棋五人（其余在混乱中逃脱）扣押、毒打逼供，甚至连该村起义军潘惠棋，也无辜受累被责难。

原来当晚我大军紧追残敌，它（敌军）才放弃攻村。次日我们便与南下大军取得联系，但又忙于为大军解决急需物资，便由武工队副队长简杜平同志出面前往上社交涉，并接回被扣受伤同志到圃育小学住下调理医治。

禺东第一面五星红旗升起，飘扬在新塘小学门前，是该校教师戚思成同志预早制好，在解放当天便升起。多年艰苦斗争成果实现，多么喜爱、多么欢心。虽然在美机空袭时，曾招至目标射击时收下来，美机过后，又重升起，象征表示人民群众拥护党、热爱新政权，保卫革命成果。

广州解放东北郊人民游击队奉命渡过珠江河，配合禺南二支队进军解放市桥（番禺县所在）。禺北交由粤赣湘边纵先遣三支队接管解放，禺东沙河由陈鹏武工队接管解放、车陂由梁池武工队接管解放，鱼珠由刘润武工队接管解放（不久沙河移交市管、陈率队东圃集中）。随着在禺东组建成立新政权——番禺县禺东区联乡办事处，主任郑英同志、公安股长陈鹏同志、副股长梁池同志、公安连正连长梁池同志、副连长简应同志、财粮股长刘润同志、文教股长林凤翔同志、组织股长陈焰中同志、宣传股长陈汗华同志、文工队队长黄子衡同志、事务长梁明同志、支前主任江坤同志。下设8个乡：车陂、黄村、文冲、七社、南岗、萝岗、黄遐、龙洞。禺东政权机构初步建起，还强调不要被胜利冲昏头脑，麻痹大意，应保持艰苦奋斗革命传统。敌人不会甘心失败，时刻警惕敌人破坏阴谋。因此在各乡村基层还保留动员一些同志安排在农会、民兵、机构担任工作巩固基层。

我是两塘中青年农民，与两塘青年农民一起共同在党的领导下踏上革命征途，从抗日至解放胜利。虽经历这一些微不足道点滴事迹，这不是主要的，更为主要的是表现对革命忠诚，能在没有任何条件，并在恶劣环境下进行生死斗争，坚定不移地跟党走的信念，大公无私的精神，处处为人民群利益着想，排难解忧这才值得人们钦敬的。今天的幸福是昨天人所创，不应忘掉这历史规律。

借此我对两塘人民群众的支持，表示感谢。对为革命献出了生命的同志表示哀悼。对支持过革命的同志和家属衷心怀念、万分感谢！并建议请求有关部门单位按党政策规定，给予这些对革命作过贡献的同志应得享受待遇是我的愿望，望能如愿，特致敬礼！

提供人：梁池
1986年12月7日于凌塘村家里

参加长湴村地下斗争的片断回忆[①]

招 新

（一）

从1936年春起，中山大学地下党领导进步学生到乡村办扫盲

---

① 摘自政协广州市天河区委员会编：《天河文史》总第7期，2000年2月。

服务实验区，在较近的长湴村办起夜校，帮助贫困农民子女提高文化水平。实际上又是以合法办夜校为名，宣传革命道理，发动群众铲除三座大山（即地主、资产阶级、土豪恶霸）。办夜校取得经验后才逐步发展到石牌、冼村、杨箕、林和、芩〔岑〕村、上下元岗、龙洞村等。

（二）

在抗日战争时期在我村的领导同志：1936年春至1938年，有黄焕秋、廖衡（行）、黄福生、陈恩、杨瑾英、余福亲、梁尚立等10多位同志。1939至1945年期间有：黄福生、杨得元、谢学筹、王永祥、王日新、叶明华兄妹、徐幽明、王其昌、黄仔。1945年日本投降后至解放后，有曾谷、陈鹏、黄子衡、陈明、郑英。

1949年9月23日，被国民党宪兵围困长湴村捉去的老师有：李菊容（女）、罗新贤、谭学然等人。这时已停办夜校。

1946年春，中大开始复课，随后以时任广东省民众教育馆馆长王越名义，在长湴村复办民众日夜校，夜校老师有：李志成、陈启、杨家盛、曾耀权、赖汉广、温而新、李菊容、汪得简（女）、姚管彤（女）、黄嫣曼（女）、麦月英（女）、罗新贤、谭学然、彭华；日校老师李尚林、林少威、张治华等20多人。

（三）

抗日战争时期参加共产党有4人：梁明、招新、招振强、梁容毕。我们支部在1944年发动青年参加游击有：梁明、招新、招振强、梁容毕、梁大洪、梁安、梁容佳、梁传坤、梁帝真、梁均池、陈炳、陈树仔，共有13（编按：应为12人）人，这时我村是一个情报站。

（四）

1. 杨德元同志（解放后曾任广东省副省长）在1943年因患风

湿病瘫痪有半年，交通不便，我们4人用椅子轮流（把他）抬去广州市现文化公园附近的靖远路、梁国泰医务所留医，他在生活上不能自理，我们轮流照顾，3个月后才出院，医药费全部由我们代支30担谷。

2. 日本近投降时，我用50担谷代买一支轻机枪，先交30%，即交15担谷，取枪交去游击区。

3. 5人合股种烟收成约卖出30担谷送去游击区，代我们买枪武装我们自己。

4. 1946年日本投降后，我们6人每人出10担谷集资合股，在现华农大石脚下一个塘边做生意，计有招新、梁明、梁传坤、梁容斌、梁容毕、梁帝真等6人。有一天晚上在这个塘路边搭棚做洗衣店的刘秀文老师，（店里的衣服）被国民党特务用火烧光，接下来洗的衣服要赔偿（编按：指顾客索要赔偿），我们又支持她大部分钱做赔偿。不到1946年底我们全部亏损了。

（五）

在1947年5月31日中山大学师生到广州游行，到长堤时被国民党收买的打手用木棍铁水喉管乱打，受伤严重。6月1日，又派宪兵围攻中大，进行大逮捕，并宣布学生不回校上课作共产党论处。因此学生在校留宿怕在晚上再来捉人，这时有20多名学生来我村躲避。6月2日，在我家留宿的5人，如杨家盛、何锡全等被国民党划入黑名单。这样，我每天晚上10时左右带他们回村，早上天未亮，我装成拾肥农民去中大侦察过，回到山边的堡垒（灰石屋）附近击3掌为号，然后让他们取道回校，连续有一个多星期，后来情势紧张，有一晚由我带他们去增城仙村火车站搭火车，送他们去香港或去东江游击区。

在长湴村参加革命的回顾[①]

梁容毕

本人梁容毕是广州市天河区长湴村人，现是广东省三水市北江大堤管理处离休干部。本人自幼在农村长大，家庭环境一直很贫困，十岁就没了父亲，十四岁母亲也相继去世了。当时自己不要讲读书，就连最起码的生活也难保证，后在姐姐梁容焕（已故）的带领下，艰苦的〔地〕生活着，如放牛、割草、种田、砍柴、做工等等也苦熬过，当时的生活真是苦极了。姐姐为带养我错过了结婚年龄，导致晚年的生活也很凄惨。

由于我家长湴地处广州市郊沙河，邻近又有影响力极大的高等学府"中山大学"（即现华南理工大学校址）及主要的战略要道广汕公路，故历来也是兵家必争之地。在这种情况下，1938年，我村便由党组织委派莫田（即莫福生）同志（解放后任肇庆地区经委主任）、廖行同志（解放后任南京军区某军军长，现已离休，在本市沙河生活）等学联人员组织成立了"抗日先锋队"。学联同志也是中山大学的大学生，无论刮风下雨，他们都坚持每晚到我村发动群众参加革命。由于有黄焕秋、陈恩、莫田、廖行等进步革命志士的领导和宣传教育，长湴村很快就涌现出了一批又一批的进步青年，使得抗日先锋队壮大到30多人，并在日寇〔军〕刚到广州不久发起了一场轰轰烈烈的革命运动。这也是长湴村最为出名的一次由先锋队领导的战斗。当时由于日寇〔军〕多次进犯各村，杀害我无辜村民，激起极大民愤，抗日先锋队的梁万益、梁帝添等同志（两同志已故）领导组织了众多的革命党员和群众与日寇〔军〕进行了激烈的枪战，地点在现长湴村乡政府位置，战斗由当天下午4时多激战到晚上8

---

① 摘自政协广州市天河区委员会编：《天河文史》总第7期，2000年2月。

时多，日寇〔军〕伤亡多人，后由于日寇〔军〕的增援部队赶到，我队员才撤离。广州沦陷后莫田同志由于形势发展的需要转到东莞鸡山继续开展党的工作，并将抗日先锋队发展到抗日模范团，经常来往于东莞和长湴村，组织抗日青年开会，传达上级指示，发动爱国青年上山区打游击，1943年，将抗日模范团改编为"东江纵队"。莫田同志还推荐介绍了杨德元同志（解放后任广东省副省长，现已故）到我村以教师身份为掩护进行秘密的地下工作。1944年，在龙眼洞以杨元德同志为首，阮海天同志（解放后在何地工作不详）为支队长的抗日"东四支"就一举歼灭了敌伪3个排的武装，缴获了一大批的武器和弹药，有力地充实了我武装力量，也有力地打击了敌人的气焰，对邻近各村的抗日高潮也起到了推动性作用。同年由于革命的需要杨德元同志调往游击区战斗，此时组织上又委派王日新同志（解放后任湛江市水产学院党委书记，现已故）到我村以教师身份进行秘密活动，领导和指挥原东江纵队人员的工作。本人就是在这种情况下经王日新同志推荐介绍参加了中国共产党，成为东江纵队中一名正式的共产党员。

由于长湴村有王日新、招振强（解放后任南海县县长），梁明（解放后曾任沙河公社书记、副社长，已故）、招新（解放后曾任长湴乡副书记）以及本人梁容毕等五名成员成立的一个地下党支部（招振强、梁明、招新、梁容毕为长湴村解放至今一直传颂和赞扬的四个老革命），发展了禺东、木口、木陂、凌塘、新塘、东圃、黄村、车陂、林和、岑村、冼村、三元里等多个交通地下党组织，成为一股强而有力的革命力量。这样我抗日阵线队伍不断壮大。我们当时的主要任务就是积极发展党的地下成员，并宣传以"苏维埃"为宗旨的革命道理进行抗日救国活动，并大量物色革命群众做我党的耳目，使得"敌动我知""敌去我晓"，还多次有力地打击了当地的土豪、恶霸、汉奸，维护我群众的利益，同时号召农民抗租、抗粮。此时还将我住家，即长湴乡南街五巷六号定为交通联络站，联系各个点的革命工作者。我党的地下交通员许沸庭同志（解放后在南京市印务局工作）、王安同志（解放后在何处工作不详）就是在我家并由我姐姐梁蓉焕掩伏逃过了日本鬼子的追杀。当时事情的经过是这样的：由于我村有众多的地下党员和抗日阵线的同志经常出没，日寇〔军〕通过汉奸了解后到我村进行"围剿"，两交通员逃避不及，而我姐姐梁蓉焕在这危机情况下，将大堆牛粪堆放在屋前，令两同志逃过了日寇〔军〕的检查。此事在当地的各地下工作点传为佳话，时至今日也常有人提起。

1944年下半年，我"东四支"赤卫队在增城和番禺交界处的木口活动点屡屡受到了国民党"别动军"的骚扰和捣乱。最后发生了同国民党别动军的正面交火，由于别动军煽动群众和错误地引导群众，使得当地的群众错误地和别动军联合起来，攻打我东四支队员。只要我们东四支一出现，村民就敲锣围攻追打，使到我东四支队屡战屡败，后在长湴支部梁明、招新、王日新及本人等研究下，总结了多次失败的原因，遂决定，秘密安排出我地下工作者以教师为名到当地教育和引导群众，宣传我东四支是抗日队伍、是人民的队伍等革命思想，让群众分清敌我。经过多方面的努力，我东四支再与国民党别动军交战就屡战屡胜，令敌人再也不能张牙舞爪和嚣张。通过几年来的努力我们东江纵队乃至全国抗日阵线最终取得了抗战胜利。

抗战胜利后，全国一片欢腾。我们又在党的号召下接受了新的任务，东江纵队接到了上级的紧急命令，令我东江纵队北撤或者化整为零，伏下不动。当时我们的队员有去做生意的、有回家耕田的、有去广州市做工的等等。本人同梁明、招新、梁传坤、梁帝真跟随王日新同志去经商，等待组织新的任务、新的挑战。直至1948年中共中央才下令我东江纵队准备迎接解放战争。筹集粮草等待大军南下，我们支部将上级精神传递到各革命点后，就大力发动群众，号召人民迎接解放战争，在广泛宣传和号召下，群众非常踊跃地捐粮、捐物。当时捐粮有用单车推的、有用人抬的，好不热闹，粮食在慕南祖祠堂后楼的房屋堆积如一个小山，就等南下大军来取。此外，本人与梁明、招新等领导的地下武装，不懈地打击国民党的游勇小股力量，当时国民党反对〔动〕派就多次想"围剿"我地下党和武装力量，因我们有群众基础，故国民党反对〔动〕派在"围剿"前四天我们一般也知情，记得有一次就是由我本人、招新、梁明依靠群众得知国民党准备"围剿"中山大学，捉拿我地下党员。于是我们一起将中大的进步书籍搬送到我村掩护，通知校长王越逃过了国民党的"围剿"。

1949年，本人、招新、梁明等作为指挥员，领导着一百多人的武装力量在广汕公路截击国民党败兵。当时接上级通知，如国民党败兵由北向南撤，从广汕路直撤广州途中，那些国民党败兵、散兵游勇顺路而撤就不用开火，如败兵、散兵不顺路南撤就开火歼灭。当时场面浩大，我军大队人马紧追不放，令大队敌军直撤入黄埔和河南，而我们游击队就坚守公路两边阵地，配合大军赶鱼入网一举迁灭，令广州市顺利解放。我们当时在阵地坚守多日终于迎来了1949年10月14日大军入城，宣布广州市解放。我们原来的纵队游击队改编为"粤赣湘边纵队番禺独立团"，由大队长李汉光、政委徐明领导我们继续进行剿匪。之后，1950年11月，本人调石岐学习公安侦审，1951年1月，正式调（至）番禺公安局工作，任侦察员。直至1956年2月，因三水县建造劳改农场，组织上就把我调到三水，直至离休。

打进敌人心脏[①]

陈 鹏

1949年3、4月间,江坤等打听到,国民党的广州警备司令部要在群众中扩展武装、固守广州的情报,江(坤)等请中共派人来研究并领导对敌斗争。广州东北郊人民游击队(编按:应为东北郊人民游击队,下同)派周伯尧同志到沙河与江坤等研究,并决定掌握大队,组建中队。首先,把广州警备部第一总队第三大队掌握起来,定出领导人员:大队长赖某,大队副何甘棠(农工党成员),总务何春林(农工党成员),副官何振中,分队长何文祥、邱森等。我奉中共番禺县禺北独立区委的指示,化名陈伟文任该大队书记,后又组成广州警备司令部第一总队独立第十中队,中队长江坤,文书陈伟文。其次,决定把大队和中队联合办公,两个招牌同时挂,人员虽有分工,其实都是这些人,平时一个兵也没有。当时队部办公地方成了我们的联络站,山区来人,各地的地下工作人员来来往往,反动力量不敢干预。表面上是广州警备司令部属下的一个大队,其实是我党领导的群众武装,插进敌人心脏的一把尖刀,解放广州的群众武装力量。

我们利用这支武装做了些什么?第一,把大队、中队的证章交一些给山区游击队,作为联系工作时提供身份证明,得以活动自由,避过敌人的检查;第二,送给山区一批药品;第三,送一些人员到山区参加游击队,充实游击队伍;第四,送给山区一些武器;第五,送情报到山区。这年7月20日,我们获得特急的重要情报:广州警备司令部命令第三大队独立第十中队于当日下午〔晚上〕9时到人和集中"围剿"帽峰山游击队。我们获得此

[①] 摘自《沙河地区革命斗争史片段》,载中共番禺市委党史研究室编:《解放战争时期禺东禺北革命斗争史》,1999年3月,(99)穗印准字第0136号。

"令"已是下午二三点,时间十分紧迫。我和江坤同志马上雇了"的士",赶到大源洞交通站,向李活洲转达了情报,要求他立即把情报送上山,做好转移,万勿延误。然后返回沙河布置"围剿"的工作。当时派分队长何文祥带十个八个兵去人和应付,并明确盼咐:要超过九点钟后到,佯作跟不上大队转回来,假若是被迫而去,则要远远放枪,以防游击队未能及时转移,也能及早获知信息。当广州警备部纠集千多人于21日凌晨"围剿"山区时,我广州东北郊人民游击队已全部安全转移,避免了一场损失。而在帽峰山一带活动的东江〔纵〕第三支队先遣总队则被敌包围,突围时队长朱骥、政委崔楷权等七人不幸牺牲,另四人被俘后遭杀害。广州警备部第三天就下达指责令,指责第三大队、独立第十中队"剿匪"不力等,我们则把迟到原因等复报上去,说明此次"围剿"是迟到未赶上大部队。原因一,长期未解决供给,兵力不集中,临时召集十分困难;二,武器长期不下发,手无寸铁难以"围剿",望迅速解决,以免今后重演等。后来他们不敢批复供给和武器装备,亦不敢再指责不力等,不了了之。1949年8、9月间,广州警备司令部改为广州卫戍司令部,继而撤销了群众武装队伍,我们这个"第三大队""独立第十中队"亦随之而解散。

东圃革命斗争史片断回顾[①]

郝丽坚　秦少初　梁广富　黄镇邦

东圃镇是解放前番禺县东部的一个连接四乡的圩镇,面积不算大,人口也不很多,但却是各种恶势力争霸的地盘。他们开设烟馆、赌坊、妓院多间,社会垃圾样样齐全,苛捐杂税往百姓

---

① 摘自中共番禺市委党史研究史编:《解放战争时期禺东禺北革命斗争史》,1999年3月,(99)穗印准字0136号。

头上压，国民党武装、大天二、土匪、流氓横行霸道。姓氏之间、乡村之间的矛盾也颇严重，斗争尖锐复杂。我党对这地区非常重视，不断派党员干部和革命同志深入农村和圩镇开展革命活动。党先是派了党员赵仲垣同志到该镇圃育小学，以教师职业作掩护，团结进步老师，积极领导开展地下革命活动，临近广州解放，党又派了冯文芳、陈楚洁同志来协助工作。

1. 开展形势教育，提高师生的政治觉悟，壮大革命斗争的力量。赵仲垣首先对师生进行武装斗争、迎接大军南下和介绍全国各地革命斗争大好形势等的教育。蔡铭源、李光磊、何一真、陆素〔陆素磬〕等老师经常结合讲课文、作讲义、周一例会、青妇读书班、读书座谈会等各种形式进行。尤其是蔡老师，除了对学生积极教育外，还教了学生很多"五四"以来的进步歌曲，讲解歌词就成为了一堂很好的爱国主义和革命斗争的教育课。大大激发了师生的爱国热情，使大批师生自觉地、积极地投身到革命行列，成为进行革命活动的重要力量。

2. 在进步师生中发展党、团员，建立党、团组织。通过开展革命活动，涌现一批进步师生，经过党的培养教育和考验，于1949年4至6月间，吸收了秦杏珍、秦少初、梁柳坤、梁玉卿等五位同学加入中国新民主主义青年团。同年6月至8月吸收了蔡铭源、李光磊、陆素〔陆素磬〕、郝丽坚等四位老师和梁广富、潘钜森、黄镇邦、熊远葵等四位学生加入中国共产党为后〔候〕补党员，建立起党、团组织。老师党小组由蔡铭源负责。学生党、团小组则由梁广富负责。这批党、团员在解放斗争活动中，以及解放后在人民政权各自的工作岗位上，都能起模范带头作用和骨干作用，为党为人民作出了应有的贡献。

3. 为适应革命需要，在圃育小学建立我党地下情报站和地下接待站。（1）建立情报网。党派黄镇邦同志到鱼珠以店员工作为掩护，负责了解收集鱼珠至南岗的火车、铁路、桥梁的情况，国民党军队乘火车北上人数及经过情况和鱼珠敌人情况等；梁广富、潘钜森负责杨箕至车陂、车陂至毕村的铁路沿线长度，桥梁分布，敌军驻地，敌人武装，土匪活动等情况，及时提供给游击队；派出通讯员，与沙浦陈汉华、凌塘梁池、新塘简应等联系，抄送往来通知、传单（如《告全省人民书》）等。（2）圃育地下接待站的任务是接待过往的革命同志的食宿。山上游击队多在夜里下山进行活动或执行任务。他们什么时候来，我们都负责食宿接待。由于我们学校师生思想活跃，常有生面人往来，敌人早就注意上我们。由于国民党乡长郝英彦是我们的校董，敌人不敢乱动。记得有一次临近解放，男老师都外出工作，留下郝丽坚、陆素〔陆素磬〕、秦少初等少数女同志在校。当时来了两名附近驻地的敌军以借乐器玩为名，实为监视我们，到学校各处查看，问这问那，如问"老师都到哪去""男老师都去哪""你们做什么""有什么人来过"等等，逗留了很长时间。由于我们早有思想准备，提高警觉，镇定不怕，见机行事，（敌军）找不到我们的破绽就走了。

4. 从经济上支援游击队。当时游击队经济非常困难，而我们师生经济上也很紧，但我们都积极想办法，梁富、潘钜森把自己的一些积蓄捐献给游击队，秦少初也把仅有的母亲遗物——金戒指2只（约两钱多）捐给游击队，黄镇邦则把在鱼珠当店员的薪金捐给游击队作经费。

5. 做好统战工作，争取各方面力量支持革命。郝丽坚等同志积极做国民党乡长郝英彦、东圃商会会长苏棋的工作和团结沙美村进步人士梁万华等，使圃育小学的经济困难得到了支持和解决，学校这个地下革命基地工作得以顺利进行，以及为东圃的和平解放、新政权的顺利建立等等，统战工作都作了应有的贡献。

6. 发动群众，迎接解放。以教师为职业从事地下工作，既要秘密开展革命活动，又要保证教学质量，故老师工作很忙。一些同志外出工作，便要一人顶几个人课，但大家团结一致，共同克服困难，坚决完成任务。临近解放，学校老师分成小组到附近农村宣传发动群众，秘密召开群众会议或妇女座谈会，宣传革命大好形势，宣传妇女解放，还张贴标语、散发传单等。如郝丽坚、冯文芳、陈楚洁、秦少初、李光磊、陆素〔陆素磬〕等到岗头黎农村，经过做群众工作，化解群众对解放的疑虑和害怕心理，便积极行动起来，为迎接南下大军做了很多有益的工作。

7. 1949年初夏之间，禺东武工队成立，梁池任队长，赵仲垣为党代表，简应、简社平为副队长。蔡铭源等同志都参加了武工队，其任务是组织群众，做好迎接南下大军解放广州的工作。1949年10月接管了东圃，建立"番禺县禺东区联乡办事处"，1950年东圃划归番禺四区，区政府设在东圃镇。区长郑英，领导开展清匪反霸等工作。东圃的进步师生，一解放就有二三十人参加到东圃新政权建设，输送了大批骨干力量。

猎德村里的波澜[①]

李汉光

1946年春天，抗日战争已经结束，国民党顽固派迫于全国人民对和平民主的强烈要求，在我党领导下的八路军、新四军强大的武装力量面前，不得不坐下来和谈。但华南地区是国民党政权的后方基地，我武装力量的存在，成为他们心头上的刺，因而要我部队北撤。为了表明我方争取和平的诚意，同意把武装人员北

---

① 摘自中共番禺市委党史研究史编：《解放战争时期禺东禺北革命斗争史》，1999年3月，（99）穗印准字0136号。

撤。那时我在东江抗日根据地博罗县担任横河区党委书记兼区中队政治指导员。中共博罗县委组织部长韩景星同志向我传达中共广东区党委北撤的决定，但今后必坚持地下斗争，认为我是广州郊区人，政治面目尚未暴露，适合留下来，继续领导广大人民群众进行争和平、争民主的政治斗争和改善人民生活的经济斗争。斗争将是很尖锐、很艰巨的。（韩景星）并问我"你对组织上这个决定有什么意见？"我说："坚决服从党组织的决定，接受新的战斗任务！"韩同志叫人给了我几块钱，又从别的同志处给我要来一个旧旅行袋，我换上一套平时穿用的唐装衫裤，解下身上配带〔佩戴〕的小手枪交还给组织，开玩笑说："今日可真要放下武器了！"韩同志说："共产党员的武装主要是马列主义、毛泽东思想，有了它，我们将无往不胜。"随后，他向我交代了到广州后找组织的地址和联络暗号，我便告别了度过七年战斗生活的东江。

到达我的家乡——广州东郊冼猎杨乡猎德村，当时属番禺县管辖（现为广州郊区沙河猎德大队），找到我唯一的亲人，是一个老自梳女的堂姐。她立即张罗做饭，打扫房子，安顿我住下。

第二天一早，我就按约定地址，到广州西关龙津路的一个路边报摊找"黄兴先生"。一个小青年立即带我到一个三轮车工人家里，那工人打量了我一眼说："老黄这几天没来，请你留下字，让我在他来坐时交给他，过几天你再来一趟吧！"我焦急地问："黄先生住在什么地方？让我自己去找他好吗？"他说："我也弄不清，你还是多走一趟吧！"我只得过几天，再到他家去。这次他却未收车回来，等到傍晚，总算见到了，他一看到我就说："老黄来过了，请你这个星期天下午二时再到这里！"到了星期日午饭后，我怀着能和组织重新联系上的愉快心情，依约前往。一入屋，三轮车工人叫道："李先生来了，老黄等着你呢！"说着指向一个工人打扮的陌生人。我上前装作老相识握手问好，他说："我们出去饮茶吧！"带我到了一个僻静的地方，同我对上了联络暗号，然后对我说："'差哥'早就说你要来了，最近他没空，叫我先和你接头，叫你先回猎德安顿下来，以后就可以在村里开展工作，由叶耀华（编按：据下文应为叶明华）同志和你单线联系。"

过了两天，叶华（即当时任禺东区委书记的叶明华）同志来找我，说："差哥等着你，请过去走走！"我随他过冼村，走进叶的住处，曾在博罗见面的"差哥"（珠江地工委书记谢学筹同志的绰号）已经坐在房里。他详细询问我返乡后的生活状况说："部队北撤后，不少同志都要帮助解决社会职业。目前很难一下解决得了，还得靠各个同志自己多想点办法。你在猎德总算有个堂姐可以暂时依靠，最好你设法在猎德小学弄个位置，这对今后开展工作也有利。"随后他又详细向我讲述了当前广东的政治形势和党的工作任务，国民党的省政府主席罗卓英最近在全省贴出布告，规定凡参加过共产党领导下的游击队、民兵及其它〔他〕群众组织的人员，限期向政府机关登记"自新"，企图从政治上瓦解与控制我们组织。我们的斗争策略则是采取"长期隐蔽，积蓄力量"的方针，组织群众把广大劳动群众团结在自己周围。

回村后，我首先联系左邻右舍的青年农民，深入了解村中情况。

猎德村子大，人口多，李姓是村中的大族，各房的青年人，晚间都有各自聚集闲谈娱乐的地点，彼此很少往来。其中村西头的"芳芝公"一房，富家大户多，出外当官多，是村中统治势力的核心。这边的青年人文化水平较高，文娱活动也活跃。我是村东头的弱房穷户，要团结和组织全村青年，非先突破村西头不可。于是（我）先和东头的一批兄弟混熟，通过他们去接触村西的青年，每晚同他们玩音乐，唱粤曲，从中了解他们的兴趣和要求。

六月初的一天晚上，我邀集东西两头十多个较活跃的青年兄弟，在西头的丛桂祖祠里玩音乐，在闲谈中向大家说："我回乡几天未找到事做，闲得无聊，希望有个娱乐的去处。猎德村的青年兄弟姐妹有几百人，却没有一个可以经常聚集的地方，能不能我们搞个什么会社之类，使全村青年都可以互相联络感情、共同学点东西呢？"他们异口同声说："好呀！我们早就想搞了，但无人牵头，达人兄（这是我的化名）在外边教书见识多，你来牵头吧！"我说："大家商量和出来搞才成，我愿尽力帮助！要么，今天这十几个人就算是发起人，先研究一下搞个什么名堂的团体好呢？"于是议论开了，有些主张组织个音乐社，有些主张搞个武馆，凑钱请个武师傅来教打功夫，较多的人希望办间夜校，使他们能学识字……我插话说："这几样都好，只要先合成个团体，齐心合力，都可以办成。现在先商议定个名称、拟出个章程，把团体的宗旨、内容向大家讲明白，才能使人喜欢参加。"经过一番争论，决定组织猎德村青年联谊社，议订了社章草案后，分头发动同房的青年报名入社。

几天后，入社的已有六十多人。我们便在一天晚上在村心的雪溪家塾召开第一次社员大会，通过了社章，民主选举产生了执行委员会，我被推选为常务委员（相当于主任委员），当选为委员的还有李新培、李广才、李新杰、李焕桑、李展芬、李沛根、林承鉴、梁垣等一批活跃分子。

成立典礼那天，社员们把村中收藏了多年的醒狮锣鼓等搬出来，像过春节一样，闹得全村热气腾腾，还有人捐钱买大炮竹向社祝贺。

"青联社"成立后，执委会领导成员为全村群众办了几项好事：

第一项是开展全村的文娱体育活动。社委分工由喜爱戏剧音乐的李广才为首组成戏剧音乐组，每晚集合一批男女社员排演粤剧、演奏音乐，准备为开办夜校义演筹款。我们还在丛桂祖祠设立文娱室，借来了乒乓球桌和棋类等文体用品，社员们每晚都参加各种文体活动，使全村出现了朝气蓬勃的新气象。社员人数很快增加到一百多人。

第二项是通过义演，向各房公尝、富户推销"名誉票"，筹得一笔经费，作为开办夜校的基金。（青联社）借用了猎德小学作课室，聘请了当时驻村的儿童教养院四分院刘云程、梁孟驹等几位热心教员，当夜校义务教师，加上执委中几个能担课的委员，办起了猎德村民众夜校，从开始100多学员，后来增加到300多学员，由初级两个班发展到分初、中、高（高级班相当高小至初中一程度）三个级、六七个班的大型夜校。发展这样快的原因，一是免费，校内必需费用由社里演剧等款所得开支；二是教师都是自愿义务，教学认真，学员进步快。

第三项是当时国民党反动派企图以发放低息农贷为诱饵，要各村组织农协会，达到笼络与控制农民群众的阴谋。"青联社"利用立案登记的机会，因势利导决定改社名为"猎德村农协会"取得合法地位。农会一面继续办夜校，一面经办低息贷款，购得一批平价化肥，发放给村中贫苦农民会员，解决了他们生产上部份〔分〕困难；又承办了分发几批"美国剩余救济物资"（的活动），避免了保甲长的负污中饱。

第四项是间接控制了村政权的日常工作。这时政府行文要各村恢复保甲制度，猎德成立联保办事处作为村一级政权，设首席保长。原来一直掌着村中封建统治实权的大地主李荫南（族长）、李少泉等人看到农会在群众中的威信高，骨干份〔分〕

子都是刚耿的青年人，不愿亲自出面执政，推出一个小地主李善庭当首席保长。李善庭也想利用农协会这班人，才能顺利进行工作，他叫各保都要选两名青年人当干事，又聘我为联保办事处的干事，协助办理日常政务。于是村中一切大小政务，都得以参预〔与〕和执行，这就起了监督与控制村中政权的作用，削弱了李荫南等一伙的统治。

7月，从上海突然送回来两个成了孤儿的小侄子要由我赡养，我必须立即找到社会职业，才能解决几张嘴的吃饭问题。自己既不会耕田，又不晓种菜，只有当小学教员一条谋生之路。而当时，规定所有中小学教员必须向县教育科登记，持有高中以上毕业文凭和两年以上教学资历，经审查批准后才能任教。我一无文凭、二无资历证明，怎么办？找叶明华同志商量，决定分头搞假证件，先由我在猎德村联保办事处开一张证明，说我原系上海暨南大学附中毕业，因上海战乱逃难时遗失了文凭；再找猎德小学校长黄奕明（一个有点正义感的老教育工作者）写了一份去年在本校任教的聘书；叶同志又通过党内关系，给我弄到一份前年在元岗小学任教的聘书，一起送到市桥县府文教科注册登记。这几份假证件，本不容易过关，幸得那个文教科长也是由东纵（东江纵队）转下来、打入文教科工作的自己人，到8月中旬，我就接到通知，领到一份"代用教员"的批准书。

回村后，我辞掉农协会中的职务，想在猎德小学谋个教席，谁知此时黄奕明已被李荫南（他原任校董会主席）辞掉，换上了他的亲信李学新当校长，他亲戚黄蔓湘当校董会主席。我当然打不进去，只得再去找叶明华同志想办法。当时，叶（明华）是冼猎扬乡府的文教委员兼冼村小学校长，和乡长冼章用很熟。（叶明华）取得乡长同意，把我留在冼村小学，总算解决了我的饭碗问题。这时，离开学还有一段时间，我每天由猎德过冼村，名义上是做开课准备,实际上是到叶(明华)的住处,关起门来复写党内秘密传达的中央文件、《新华日报》社论、电讯等,分发给区内各村的同志,作内部学习和宣传教育群众的资料。

一天,乡府一个姓赖的乡队副突然请我去"有事商量",我莫明其妙地走进乡府,他狡猾地笑笑说:"听说你是猎德人,下学期又在冼村小学任教,我们算是同事了,想同你交个朋友。"我说:"不敢高攀!"他说:"不必客气!我想介绍你参加国民党,这样你的职位就有个保障,这是为你好,请你考虑!"随手递过来一份《中国国民党党员登记表》。我对他说:"我是一向靠教书为生的,对政治从来不感兴趣!"他语带威胁地说:"一个人要捞世界,没个靠山不行,恐怕连饭碗也难保得住呀!不参加国民党,容易被人怀疑是共产党就更危险了!"我坚决地说:"我一向抱着'君子群而不党'的宗旨,不想吃政治饭,什么党派都不参加!"把表格推还给他。他扫兴地说:"好吧!那你考虑考虑再谈吧!"原来这家伙是县政府派到乡来搞特务活动的党棍,到处拉人入党,以便升官发财。这次找我谈话,也可能是对我有怀疑,以此进行试探的手段。

我立即回校向叶同志汇报情况,他说:"这党棍很可恶,曾在我面前说过:'你校那位姓李的教员,讲话好像带有客家口音,是不是从东江那边回来的?'我应付说:'他是一向教书的,可能也在客家村教过。'看来,对你是有怀疑,以后得留意些!"

几天后,一个更大的风浪来了。番(禺)县府来文给乡府,说据密报:"冼村小学教员李达人有从东江潜回之共党分子嫌疑,应即密切注意,查明上报……"冼章用把公文给叶同志看,叫他留意我。叶(明华)回来把事情告诉我,并说:"看来你已难在此立足,得设法转移。待我向'差哥'汇报后,再作打算！"

原来这个风浪是从猎德村里刮起来的。因为农协会几个骨干分子，对李荫南辞退他们尊敬的老校长黄奕明很愤概〔慨〕，李展芬偷偷在李洁新的办公桌上写了"教导无方"四个字，李洁新告诉了李荫南，他怒火冲冠，亲自到联保办事处大叫要追查写字的人，恐吓农协会的青年，以"硬颈"出名的李新培当场顶撞他说："我敢保证不是我们农协会的人写的！"李荫南威胁说："查出来斩手指，你敢保证吗？"李新培说："敢！"这种公然敢同李荫南唱对台戏的举动，在猎德村里还从未有过，而他又没抓住任何证据，只得压住火，默不作〔做〕声走出办事处。从此（李荫南）对农协会一班人怀恨更深，当晚就找来李少泉、李锦旋等秘密策划对农协会进行打击的阴谋诡计。他们考虑李新培、李展芬、李广才等人都是西头的强房，家里又有枪械，不好对付，而我则是东头弱房单身汉，拿我作为开刀最省事，所以决定由李少泉（他的儿子是国民党少将军官）向县府密告我是从东江回来的共党分子，把我搞掉后再进一步打击和排挤农协会。

第二天，谢学寿同志亲自到冼村学校，听了汇报后，认为我必须尽快转移。但目前广州郊区无法安置，也不够安全，问我自己有什么门路，我向他说："在上海的姐夫正帮助一个商人筹办一间大酒家，如果到上海，可以帮我解决个职位。不知能否把组织关系转到上海去？"他考虑一阵才说："同意你到上海，但你要作〔做〕好思想准备，转组织关系要通过华东局，上海的白色恐怖更利〔厉〕害，市内地下党组织更加严密慎重，转到了也不会一下子就接收你的。你到上海后要冷静隐蔽，耐心等待组织接头，至少半年内不要轻举妄动！"于是，同我约好联络暗号、地址，就叫我着手准备行程，尽快离开。

1946年9月某日，我秘密离开猎德村，上了开往深圳的火车，在港转乘英商太古船到达上海，开始另一段斗争生活。

新中国成立前中山大学进步学生在石牌村活动情况[①]

（一）中大学生在石牌的抗日救亡活动

1936年中山大学学生来石牌办民众夜校（现派出所是当时民众夜校的课室之一），有李嘉珍、李嘉鼎等人，教书的内容有"共产党好""人人都有饭吃、有田耕、有工做"；并且宣传抗日爱国的道理，曾有过一些诗歌，号召大家团结一致，奋勇抗日；并提出东三省已给日帝侵占，如果不抵抗，则整个中国的土地将会陆陆续续失掉；等（等）。这些诗歌，现已失存。

他们还在石牌（现石牌小学内）开联欢会。会前曾印发一首诗歌给大家，大意是：各村之间应该团结一致。因为过去各村之间都是不大和睦的。开联欢会的那天，周围乡村的农民都来石牌参加。会上演出的文娱节目有打倒日本帝国主义和地主手拿算盘向农民收租等。通过中大学生的教书和联欢会形式，许多村和好起来，从此乡村间就经常互有往来了。

中大学生还编了积极抗日的歌曲教大家唱。其中有的歌词："不怕飞机，不怕毒气，死了一个，还有十个。"此外，他们还将日寇〔军〕在东三省的各种罪行，如杀人放火，奸淫妇女的照片给大家看，以激发大家抗日救国的义愤。

中大学生和农民的关系搞得非常好。有大节日农民都请他们去吃饭，彼此像亲兄弟姊妹一样。他们在石牌教夜校两年多，为石牌解决了一些问题，如中大的校井不放水，而农民又需要水来灌溉禾田，后来，通过他们回校交涉，然后放水给农民用。他们在教学期间，编写了一本《乡村生活》，内容有各村民众夜校的

---

① 摘自沙河公社编：《沙河公社社史》，1959年。

成绩，各村风土人情、生活概况，以及办学的经验和有关农村中其他各方面都收集在里面。至广州沦陷，他们撤离广州后一直就没有到过石牌来了。

（二）解放前中大学生在石牌活动情况

石牌由于和中山大学毗邻关系，故1944年中大学生康永培、曾国宪、范大山、周耀邦、朱以永（女）、林炳光、徐□□、陆□□等20多人，由那时中大地下党指使来石牌创办民众夜校，及进行了一些反对国民党的政治活动，经过情况如下：

1. 办校经过

初来时，他们和那时的保甲长联系，提出办学意见，要求由太公出钱买火油及指定地方，同时又深入群众逐户和农民谈心，鼓励大家读书，打通思想。于是民众夜校就这样办起来了。每星期上课三次，都是利用晚上休息时间，课本由他们编印成册，内容都是关于农作物栽培和写信常识，（19）44年—（19）46年前后两年多，断断续续教了每样四本书，同学们都感到有很大收获。

2. 教书以外活动

中大学生除了教书之外，还经常举办各种活动，带领同学们参加，如：集体到广州参观博物馆、动物园啦，又到中山大学影相、打球啦，与其他乡的夜校农民学生拔河啦，等等；又在石牌利用农民休息时间，教他们排剧做戏，教唱歌。唱歌内容，有些是时代曲，如《四季歌》《天上人间》《思乡曲》，有些是含有反那时现实的，如《打鱼船》《农家乐》等，此外还经常（与）同学们聊天讲故事。曾国宪（地下党员）就经常在龙眼厅（即现在6连1排饭堂）讲俄国怎样好……康永培（那时地下党员）也对杜光犒等说过共产党在那里有多少人，共产党来了耕田就不用交租……

3. 与群众关系

他们和群众关系特别是学生对康永培和曾国宪、范大山几位是好（得）很的。每年七月初七乞巧节姊妹们就一定要他们去食东西过节。第一次，他们来了，姊妹们既怕羞又高兴。大家面对面看着他们食东西，一句话也说不出来。有一次，中大学生在广州进行示威，反对国民党不合理抽税征粮，反对国民党宪兵，行到靖海路口时，被国民党指使的砖头苦力，用大棒、铁物等斗打，同学们回到中大之后，夜间不敢出校门，因为国民党特务追到中大，埋伏在周围，一见同学就打。因此那几天晚上康永培老师教完书已九时多了，不敢回去，我们就派了几个身强力壮同学，如陈镇等送他回中大，晚晚如是。后来他觉得同学们送来送去太麻烦，就干脆在龙眼厅（即现在6连1排饭堂）睡觉。同睡的有坤成农民，另外曾国宪老师那天被砖头苦力打伤了，入了医院。同学们就每人送一只鸡蛋，用鞋匣装了送去慰问。从以上情况说明那时同学们对这几位老师是非常关心的。还有一次，周耀邦老师晚上教完书回中大途中被人绑了去，同学们又捐助钱把他赎回来。

现在康永培据说在广州市东皋大道省农事处，范大山在广州市中国人民银行，其他老师不知去向了。

革命人物

一、天河区革命人物

说明：按照人物出生先后排列。

王福如

王福如（1901—1972年），简应之母，家住新塘村，是个中年寡妇。她家境清贫，历尽艰辛才将独子简应抚育成人。1944年，她以民族为重，明大义识大体，支持独子简应到增城罗浮山参加中共领导的东江纵队，投身革命。

当时，与简应一起投军的还有几位青年。其中一位青年的母亲产生恐惧情绪，恳求王福如要简应带回她的儿子。王福如以自身支持独子投身革作解释，说服这位母亲，安心让儿子在部队工作，投身杀敌。

王福如热情接待外来联系工作的同志。她虽然生活艰苦，从无怨言，并且宁愿自己少食，也让同志饱食。有次由广州运来军用品胶鞋一批，恳求急转部队，交通员又外出来回，王福如主动请求任务，肩挑行程来回近50公里，过关卡、翻山越岭，安全送到增城县的东江纵队第四支队驻地。

东江纵队第四队派来的短枪队及情报人员前后共有10多人，长期在王福如家隐蔽从事工作。她热情接待，妥善安排生活住宿，使各同志甚感满意，都称她为革命阿妈。为了进一步搞好情报工作,她还请媳妇潘沛天天到黄村机场充当劳工,从中刺探日军动态,将劳工报酬(日军剩饭)带回家里,与在家掩蔽的同志分享充饥。

1945年,简应与梁池从部队回村。这时,敌人进村了,盘问二人。王福如上前机智地抢先向敌军说:"这两个人都是我的儿子,在外做工回家。"并愿作担保。敌人这才放行,两人终于脱险。

1972年,王福如病逝,享年71岁。

李海筹

李海筹(1906—1946年)原名李延益,祖籍是今天河区天河村。李延益出生在香港拿打素医院,家中只有一小妹李宝琼,后来也参加了中国共产党。李海筹在香港圣乔治中学就读。1924年4月,他回乡扫墓,在东山大沙头广九火车站看到共产党的传单,于是参加共产党召开的群众集会,结识毛泽东、周恩来、李立三、谭平山等中共领导人。

李海筹(1926年摄)

1925年,省港大罢工爆发,因李海筹是香港人,19岁的他被任命为罢工劳动童子团团长,邓金娣、罗大妹、冯广为副团长。从此,李海筹投身革命。

当时,党的活动经费不多,李海筹多次出资捐助。有一次他出资买通国民党看守人员,营救被捕的共产党员。

1926年5月至9月,李海筹到毛泽东任所长的广州农民运动讲习所工作,参加短训班。李海筹的母亲为照顾儿子,从香港回到天河村居住。其间,村民见到李海筹及多名领导人曾乘坐吉普车回天河村，车周围有四个警卫站立。多位党的高级领导人也曾在李海筹位于天河村的家中聚会。李海筹的妹妹李宝琼和堂兄在门前负责把风。周恩来亲切地称李宝琼的小名苏妹。

1926年9月，因受到国民党右派的威胁，李海筹掩护几位共产党员到天河村自己家中暂避，两天后离开。

1927年6月，共青团广东省委在香港成立，莫沧白担任书记。随后，在中共广州市委的领导下，共青团广州市委成立。这是广州历史上第一个团市委，李海筹任书记，委员有李海筹、沙文求、朱光琛等。8月20日，张太雷在香港召开省委会议，传达"八七"会议精神，通过了"关于拥护中央紧急会议决议案"，制定了广东各市县的暴动计划，部署广州暴动。李海筹、冯广、沙文求等团市委负责人即动员共青团员、青年学生行动起来，准备参加起义。

10月14日，5 000多海员工人在广州市太平戏院举行群众大会，抗议国民党派出的所谓"改组委员"把持海员工会。李海筹发动十几个学生参加了这次大会。会后，工人和学生举行了示威游行。

10月15日，广东省委召集南方及省委联席会议，李海筹是36名省委委员之一。[①]

10月19日，中共广州市委发动广州工人代表大会所属78间工会的代表160多人，举行代表会议，要求释放被捕工人，恢复省港罢工工人的一切权利，保证工人有集会、言论、罢工、结社的自由。李海筹代表海员工会参加了这次大会。会议决定在21日举

---

① 见《中共中央南方局和广东省委联席会议经过情形》（1927年10月），载《广东革命历史文件汇集》第9集。该资料藏于共青团广州市委青年运动史研究室。

行总罢工和示威游行，但因反动当局事前探知消息，派出军警进行搜捕，故广州工人代表大会决定把总罢工改为飞行集会。共青团广州市委发动团员、学生组成若干小组，每组10人，在晚上散发传单和演讲，揭露新军阀的罪行，号召工人团结一致，与反动派斗争到底。

1927年12月初，共青团广东省委发出宣言，号召广大团员、青年行动起来，夺取反动派武装，加入少年先锋队，打倒反动派，建立工农兵政权。中共广州市委宣传部长召集共青团广东省委书记谢蔚然、共青团广州市委书记李海筹等召开会议，指示团组织发动团员组织宣传队、青年赤卫队、少年先锋队，准备起义用的红布标志、横额和各种标语、传单。会后，共青团广州市委在黄花岗侧的二望冈召集200多名团员和青年学生参加的会议，决定以团员和新学生社成员为骨干，组成70多支、三四人不等的宣传队伍，准备在起义枪声打响后，在广州市内开展宣传工作，宣传广州苏维埃政府的政纲和共产党的政策。共青团广州市委在中山大学和省一中挑选30多名学生，在明星戏院通宵达旦写标语。李海筹、冯广布置原省港罢工工人子弟学校的学生在市内张贴标语、散发传单。

广州起义失败后，共青团组织受到很大损失，据共青团广东省委给团中央的一份报告说："广州自暴动失败后，党和共青团均受到空前的打击，恢复至今还是40多位同志，成立4个支部。"但是，广大共青团员和青年学生仍没有停止革命斗争。1928年1月，共青团广州市委书记李海筹担任共青团广东省委常委，由另一个共青团广东省委常委张苏担任团广州市委书记。

1928年的一天，李海筹兄妹从香港回广州，李海筹要李宝琼等人去散发革命传单，结果被警察逮捕。李宝琼在监狱中关了10个月，受尽折磨，后通过在澳门的伯父疏通，得以出狱。

1928年，李海筹用笔名鲁海，在报上发表文章，抨击国民党。国民党张贴告示，通缉李海筹，李海筹于是逃回香港。

1928年3月16日，中共广东省委派李海筹到惠州发动士兵暴动[①]。失败后，李海筹逃回香港。在香港，李立三又指示李海筹筹款。李海筹将父母准备购买在香港九龙佐敦道一栋大楼的8 000元全部捐给党组织，而当时工人每月工资只有6毫子。

1928年9至11月，李海筹任中共广东省省委常委。1929年1月，李海筹在香港发动工人、学生集会募捐，宣传共产党的政治主张，被港英政府逮捕，后得到党的营救。[②]

1930年，党派李海筹到苏联学习。1932年，他在莫斯科遇见到莫斯科国际共产党总部述职的李立三，两人曾有合照。1933年，李海筹从苏联回国，调往苏北地区从事地下革命活动。1935年，李海筹与地下党员陶曼若结婚，并育有一女。

1939年，党派李海筹前往上海活动。1943年，李海筹接母亲一家到上海居住，其两个外甥女都在上海出世。1941年，太平洋战争爆发，党派李海筹回广州，开展统战工作。其间，他与一名陈姓护士结婚，育有一儿子。1945年抗日战争胜利后，李海筹在番禺市桥活动。1946年，李海筹被捕，同年在番禺被秘密杀害。

---

① 李思慎、刘之昆：《李立三之谜》，人民出版社2005年版，第154页。另见《立三给中央的报告——目前广东的局势和省委的策略》（1928年3月18日），载《广东革命历史文件汇集》第9集。资料藏于共青团广州市委青年运动史研究室。

② 见《毅宇给中央的报告——关于广州、香港工作情况及对中央工作的意见》（1929年1月8日），载《广东革命历史文件汇集》第25集。资料藏于共青团广州市委青年运动史研究室。

梁 池

梁池(1923—1995年),男,凌塘村人,1923年6月出生,因机智过人,人称"鬼子池",原住凌塘下街,其父为广州市工人。1930年,梁池随父到广州市,就读市立第六十三小学至毕业,1937年始在广州市务工。抗战开始,梁池一家回凌塘村,靠父亲承租二亩公尝田维持生活。父亲因劳累过度病故,余下梁池母亲、妹妹共3人务农度日。

梁池(1987年摄)

1944至1945年间,东江纵队地下党员徐幽明到凌塘,以教师身份作掩护,开展革命活动。其间,徐幽明发展梁池为骨干,建立抗盟小组,成为党的外围组织。梁池支持革命并在党领导下开展各项活动。1947年5月至1948年2月,梁池征得党组织的同意,出任凌塘村伪保长;1948年3月至1949年5月,在广州大成石矿公司任押运员;1949年6月至9月,在凌塘村参加革命工作,由陈明、徐幽明介绍加入党组织。其间,梁池在本村发动群众参军。同年10月至11月,梁池任广州东北郊人民游击队武工队队长;1949年11月至1950年6月,任番禺县禺东区联乡办事处公安连中队长;1950年6月至11月,任番禺县四区(车陂、黄暹乡)治安员、工作小组长;1950年11月至1952年12月,任番禺县公安局二股股员。

1952年12月土改期间,番禺县开展整队、清理阶级队伍运动。梁池被列为清理对象,经组织决定给予开除党籍的处分,并被"清洗出革命队伍",回原籍凌塘村当普通农民。

梁池档案中的《干部职级待遇审批表》(1992年7月填写)显示,1985年1月始,梁池落实政策归队,职务为番禺县公安局离休干部(股员),职级待遇为副科局级离休干部。梁池离休后，住凌塘村休养。

1986年，梁池应邀为广州市郊区和番禺县政协文史委编写革命斗争回忆录。1995年12月5日，梁池因病在凌塘村逝世，终年73岁。

李汉光

李汉光（1920—2010年），猎德东村人，原名李世柳，其父李承学，其兄李世章；1939年，到东江抗日根据地博罗县，同年加入共产党；1946年，任博罗县横河区党委书记兼区中队政治指导员；同年3月，根据组织指示，回到家乡猎德东村隐蔽。李汉光（化名李达人）在猎德村组织青年联谊社，以开展文娱体育的形式团结青年。后联谊社改为农民协会，李汉光被聘为猎德乡联保办事处干事。1946年9月，他因身份暴露，离开猎德到上海。

1948年，李汉光任广州北郊太和扒沙井小学教师，化名李奋之。1948年7月2日，在小学被广州警备司令部刑警队逮捕。此次当局共逮捕7间小学的9名教师，其中3名是共产党员，4名是农工民主党员，2名无党派，时称"禺北事件"。1949年2月7日，每人以200元港币担保获释。当时党组织经济有困难，由同和村同志变卖财产、耕牛等款凑足。李汉光坐牢7个多月，受尽折磨，没有屈膝投降。

1949年4月初，李汉光从原任教小学的扒沙井等村动员10多个青年农民，携带公尝的枪支开进帽峰山。同月，东北郊人民游击队成立，李汉光任队长，区委书记梅日新为政委。游击队驻地在太和镇帽峰山。1949年10月14日，广州解放后。10月25日，东北郊人民游击队全部开往禺南（今番禺区）集中，改编为解放军粤赣湘边纵队番禺独立团第二营，李汉光任营长兼党委书记。

1950年5月，番禺县政府成立，李汉光任番禺县第五区委书记。2010年病逝，终年90岁。

潘帝流

潘帝流（1921—2009年），今新塘街沐陂村人。

中华人民共和国成立前，中共领导的东江纵队驻扎在增城帽峰山区，邻近的今天河区新塘、凌塘、长湴一带成为其活动的主要地区。1947年4月，沐陂村的潘帝流、潘玉森、潘祖德、潘宝荣等约10人参加独立大队（又称"独立团"），潘帝流任排长。1951年6月，潘帝流退伍回乡务农。

20世纪90年代初，广东省民政厅向这些游击队老战士发放优待金，潘帝流领取了《优抚对象优待金领取登记证》，每月领取补贴。此外，他还享受村中级别最高的股份分红。老人家十分热爱劳动，每天下田种菜，80多岁仍然身体健康。他于2009年8月因病去世，终年88岁。

二、长湴村革命人物

说明：此处收录长湴村1949年10月1日前入党、且于2017年前去世的长湴村革命人物，按照入党时间先后排序。

梁万益

梁万益（1919—1942年），1938年4月为长湴夜校学员，1938年6月任广东青年抗日先锋队长湴分队副队长。1938年6月，国民党查封新华日报广州分馆，中山大学等多所学校掀起了反查封斗争。中共代表廖承志在广州哥伦布餐厅举行记者招待会，反对国民党当局的无理决定。长湴村抗日先锋队全体队员参加会议，梁万益代表抗日先锋队讲话，表示坚决反对查封新华日报广州分馆，并要求国民党当局释放被扣押的学生代表，还高声疾呼："四万万同胞团结起来，反对内战，一致抗日！"由于梁万益的出色表现，中山大学党组织决定发展其为党员，介绍人是夜校老师、中大学生党员廖衡。梁万益成为天河地区农村的第一个本地共产党员。他于1942年病逝，终年23岁。

梁 明

梁明（1911—1997年），1938年4月为长湴夜校学员，1938年6月参加广东青年抗日先锋队长湴分队，1941年任东江纵队第四支队队长、长湴情报联络通讯站站长，1944年6月参加共产党，1944年任长湴青年维持治安委员会主任，1948年任武工队队长，1949年任沙河支援前线委员会会长，1950年任番禺县禺东区联乡办事处事务长，1958年任沙河公社副社长、公社党委书记。1989年12月5日，梁明被海军某部队后勤部聘为副师级顾问。1977年6月，梁明在沙河食品站副站长任上退休；1997年10月逝世，终年86岁。

梁明

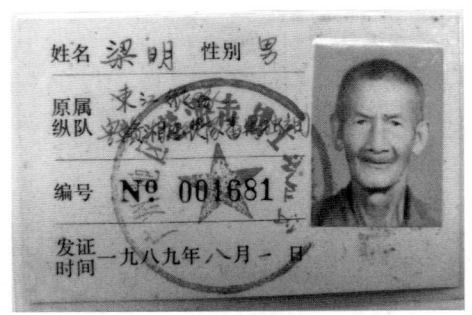

梁明的《广州地区老游击战士联谊会证》

招 新

招新（1920—2015年），1938年4月为长湴夜校学员，1938年6月参加广东青年抗日先锋队长湴分队，1941年任东江纵队第四支队委长湴情报联络通讯站副站长，1944年6月参加共产党，1944年任长湴青年维持治安委员会副主任，1948年任武工队副队长，1949年任沙河支援前线委员会副会长。中华人民共和国成立后，招新先后任长湴村村长、农业生产合作社社长、大队党支部书记、沙河公社农械厂副书记、沙河公社畜牧场场长。招新于2015年逝世，享年95岁。

招新

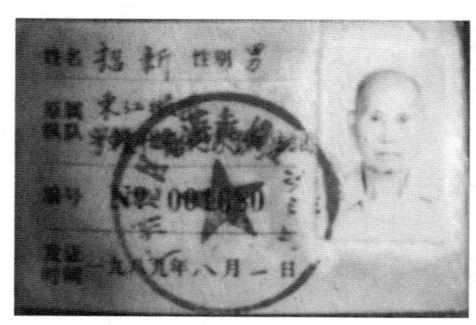

招新的《广州地区老游击战士联谊会证》

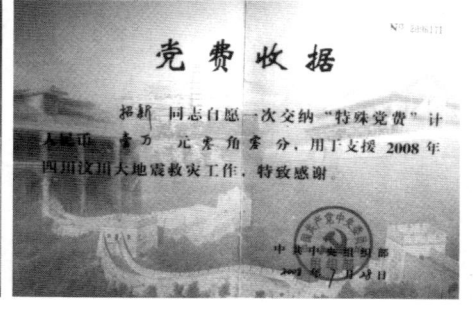

2008年，招新自愿交纳1万元"特殊党费"用于支援汶川抗震救灾工作。图为中共中央组织部的党费收据

招振强

招振强（1921—2000年），原名招李均；1938年4月，为长湴夜校学员；1938年6月，参加广东青年抗日先锋队长湴分队；1945年5月，经王日新介绍，参加共产党，担任通讯员，先后在茶叶店做职工、开办洗衣店，为党组织接送情报。1947年根据党组织的指示，招振强到南海县南庄新里村小学任教师，开展地下

工作。中华人民共和国成立后，招振强任南海县第一支前指挥所粮食股股长，南海县第六区副区长，其间获小功一次，功臣、功臣三等奖；1953年任南海县第十四区委书记，后调任南海县党委委员、县供销社副主任，1954年任第六区委书记，1956年任南海县组织部副部长、农村部部长，1959年任南海县委副书记兼里水公社书记，1964年任南海县

招振强

委常委、副县长、县长、县委副书记。他于1971年任南海矿务局局长，1972年任佛山地区群众工作办公室副主任，1973年任南海县委副书记，1974年任开平县委副书记，1974年5月至1977年11月任开平县委书记兼革命委员会主任，1978年任佛山地区农林办公室副主任兼农业部部长。1983年，招振强离休，享受地专级待遇；2000年10月病逝，终年80岁。

梁容毕

梁容毕（1920—2003年），1938年4月为长涌夜校学员，1938年6月参加广东青年抗日先锋队长涌分队，1945年参加共产党，1948年参加武工队。中华人民共和国成立后，梁容毕于1950年11月调石岐县学习公安侦审，1951年1月正式调番禺县公安局工作，任侦察员。1956年2月，梁容毕调往新建的三水县劳改农场任干部，后又任北江大堤管理处干部，直至离休；2003年逝世，终年83岁。

梁容毕

三、在长湴村工作过的人物传

中华人民共和国成立前，在长湴村老区工作过的其他革命人物主要有杨德元、王越、徐幽明、王日新等人，其中有的革命人物姓名和事迹都失传了。他们的事迹很多，下面仅收录在史料中有记载的工作事迹，按人物出生年份先后排列。

王 越

王越（1903—2011年），广东兴宁人，1926年毕业于东南大学教育系，师从人民教育家陶行知；1930至1933年，先后进入燕京大学研究院和北京大学国学研究所；1933至1946年，在中山大学、广东文理学院和湖南蓝田师范学院任教；1946年，回到广州，任中山大学教授兼师范学院教育系主任；1952

王越

年任中山大学教务长，1958年任副校长。1978年暨南大学复办，王越任副校长。王越于2011年病逝，享年108岁。

1936年，王越在中山大学师范学院任教时，鼓励学生以陶行知为榜样，到农村进行扫盲教育，并带领学生到长湴村开办农民夜校。1946年7月，时任中山大学师范学院教育系主任、兼广东省民众教育馆馆长的王越，听取中山大学师范学院学生（地下党员）陈仁恕、杨家盛等人的汇报，获悉国民党反动派已经在长湴村开办夜校，还发放救济米、救济布，致使共产党在长湴村的工作陷入困境的状况。王越遂以广东省民众教育馆馆长的身份，指派陈仁恕、杨家盛等人到长湴村举办"广东省民众教育馆长湴村社会教育实验区"，以公开合法的身份开展革命活动，从而打开斗争的局面。1946年，有一次，国民党特务以抓赌的名义到长湴夜校把中山大学学生以及梁明等十几人抓走。王越教授出面，中山大学学生以及梁明等村民获释。1947年6月，国民党反动派抓走曾经在长涩村夜校任教的中山大学学生，王越出面说明这些学生是广东省民众教育馆派往长涩村进行民众教育的教师，并保释放出部分学生。1949年10月，广州解放前夕，社会混乱。长涩村派出几个人带枪武装协助保护师范学院财产。王越十分感激，送给长涩村一批标语，还送了200元给长涩夜校。

黄焕秋

黄焕秋（1916—2010年），广东惠州人，1933年9月就读于中山大学文学院教育系，1937年10月加入中国共产党，大学毕业后主要从事乡村教育工作。1953年8月起，黄焕秋历任中山大学教务长、党委副书记、副校长、校长、党委书记；2010年2月病逝，终年94岁。

黄焕秋

1936年7月，黄焕秋等20多位中山大学文学院教育系进步学生在王越教师的带领下，到长涩村开办乡村教育实验区（夜校）。时至2005年，当年的夜校学员招新仍清晰记得并当众用普通话高唱黄焕秋曾教唱的《五月的鲜花》。黄焕秋回忆道："1936年……我工作过的长涩村，有青年班、妇女班、扫盲班、失学儿童班，还试教过新文字。"[①]徐幽明在1992年的《证明材料》中也提到："过去（1936年）中山大学的进步师生常来这里宣传抗日，办夜校等活动。中大校长黄焕秋和教授林励予等也常来这里活动。"

---

① 黄焕秋：《我的学生时代——黄焕秋口述回忆录》，载《广州党史》2015年第一期。

杨德元

杨德元(1922—1989年),福建省厦门市人,1937年1月加入中国共产党。抗日战争时期,杨德元任香港学赈会儿童团团长、东江华侨回乡服务团博罗队队长、中共宝安县龙华、布吉区委书记,中共增城县委书记、东江纵队第四支队政委、中共增(城)龙(门)县委副书记。解放战争时期,杨德元任中共鹤山县委书记、中共新高鹤区工委委员兼县委书记、新高鹤游击总队政治部

杨德元

主任、解放军粤中纵队第六支队政治部主任、中共新高鹤地委委员。中华人民共和国成立后,杨德元任中共江(门)(新)会区工委副书记、解放军江(门)(新)会区军管会副主任、中共新会县委书记、中共粤中区党委办公室主任、中共粤中区委副秘书长,中共佛山、惠阳地委副书记,中共肇庆、佛山地委书记。杨德元于"文化大革命"期间,遭受冲击和迫害;1973年恢复工作后,任中共惠阳地委副书记,佛山地委第一副书记、书记,广东省常务副省长兼秘书长、省政府党组副书记(1981—1988年)、省社会经济研究中心主任、广东发展银行董事长、中共广东省顾问委员会副主任。1989年6月15日,杨德元因病在广州去世,终年67岁。

杨德元在长湴村的活动:1943年春,时任东江纵队第四支队政委的杨德元因腿生疮到长湴养病,以教师身份为掩护。其间,招新等原夜校学员轮流为杨德元敷药洗擦,照顾起居。大家轮流背他到广州城著名的梁国泰草药店诊治,治疗费由大家捐献。1943年夏,在长湴村养病的杨德元同意徐幽明到凌塘任小学教师,并担任伪副乡长。1944年夏秋期间,杨德元康复,调回东江

纵队第四支队。

徐幽明

徐幽明（生卒年月不详），1943年离开东江纵队到凌塘小学任教。1945年7月，徐幽明到增城新塘镇简屋边村著存小学任教。同年10月，增城县委决定成立新塘区委，徐幽明任区委书记，负责领导新塘地区的党的基层工作。

1948年12月，中共番禺县工作委员会（简称"番禺县工委"）成立，徐幽明任委员，负责禺北、禺东工作。1949年5月，徐幽明任禺北独立区委书记并兼任东北郊人民游击队政委；1982年12月，任中国民主促进会（简称"民进"）广东省第一届委员会秘书长；1983年8月，任暨南大学宣传部干部，离休时为中共广东省委统战部干部。

徐幽明在天河地区的活动：1943年春，徐幽明化名刘君政到长湴村接受在那里养病的杨德元的指示，前往凌塘村小学任教，以教师身份作掩护，展开工作。同年夏天，徐幽明又赶往长湴村，请示杨德元，同意其担任凌塘村保长、新塘乡伪副乡长。

王日新

王日新（生卒年月不详），中山大学学生、中共党员，1943年在长湴小学任教师，1944年8月任长湴村党支部书记，1945年介绍梁容毕、招振强入党，1946年调往林和村小学任教师。1947年初，王日新及爱人黎平到南海县藤冲小学任教。1966至1981年，王日新任广东水产专科学校（后为广东水产学院）副校长（副院长）。

王日新

四、在乡村夜校中任教的中大进步学生名单

中华人民共和国成立前,中山大学进步学生在天河地区多处乡村举办夜校,在教授文化知识的同时,也传播革命思想。他们中的许多人姓名和事迹都失传了。下面仅收录流传下来的一部分。

1936年4月至1938年10月在长湴村夜校任教师的中山大学进步学生名单

任教乡村	名单
长湴村	黄焕秋、林砺予、梁尚立、莫福生、廖行、陈钊、陈恩、莫田、谭朗超、杨步尧、余福音、李菊容、谭学然、李光成、温而新、李柏潮、刘炳钧、李家珍、杨瑾英、李尚林、萧汉

1946年7月至1949年10月在天河地区夜校任教师的中山大学进步学生名单

任教乡村	名单
长湴村	陈仁恕、杨家盛、李志成、罗新贤、谭学然、姚坚、姚管彤、黄嫣曼、郑沾恬、汪德简、李菊容、麦月英、彭华、黄剑深、蒋同正、曾佛权(曾平)、温为新、赖汉广、郑希罗、彭华等人
石牌村	蔡雁生(蔡章智)、周邦耀、康永培、曾国宪、范大山等人

附录七 大事记

1924年

4月　天河村人李延益从香港回乡扫墓,在广州东山大沙头广九火车站看到共产党的传单。李延益便参加共产党召开的群众集会,结识毛泽东、周恩来、李立三、谭平山等中共领导人。他后来化名李海筹,参加共产党。

8月10日至19日　农讲所学员与黄埔军校的中共特别支部党员分头到天河地区的东圃珠村,以及新洲、黄埔、长洲、深井各处调查宣传,组织农会,受到农民的欢迎。

11月8日起　黄埔军校第一期第一总队学生举行毕业实习,学生队在珠村、鱼珠墟及附近演习战术实施。

1925年

4月12日　在广州农民运动特派员、共产党员郑千里(番禺县人)和韦庸之的指导下,成立番禺县第二区农民协会,包括黄村、长洲、夏冈、茅冈、鱼珠等乡村农民协会。

5月1日　广东省第一次农民代表大会在广州召开,成立广东省农民协会,选举共产党员彭湃、阮啸仙、罗绮园为省农会常务委员。此后,龙眼洞、沐陂、车陂、棠下、岑村、黄村、珠村、岐山、五仙桥、柯木塱、渔沙坦等乡村纷纷建立农民协会。

5月11日　珠村农民协会在黄埔军校举行成立大会，推选回乡养病的国民党海军练习舰队司令潘文治为委员长。农民运动特派员郑千里在大会上讲话，廖仲恺和苏联顾问鲍罗廷授会旗。会址在珠村的潘姓公事厅。

11月1日　广州市郊第二区农民协会成立，潘文治为委员长。第五届农讲所主任、中共党员彭湃率领学生前往参加大会。农讲所代表在大会上讲话。广州市郊第二区农民协会包括珠村、长洲、玉树、仑头、北山、深井、东圃、五村、沥滘、新洲、沐陂、车陂等乡农会。

1926年

4月　省农会以罗绮园（共产党员）、潘文治、李惠覃、曾铁生、王镜湖（共产党员）、侯凤墀（共产党员）、王果强（共产党员）7人组成番禺县农民协会整理委员会。番禺县第二区、第四区（今属天河区）部分乡农会划入广州市郊农会。

6月23日　车陂农民协会参加由广州工人、城郊农民及学生10多万人举行的支援上海"五卅"运动大游行。游行队伍途经沙基时被对岸沙面租界的英法帝国主义军队枪击，造成"沙基惨案"。

8月　广州国民政府动工修筑中山公路、粤汉铁路，自东山经天河至黄埔，主要由参加省港大罢工的工人修筑。车陂、石牌、东圃一带农民协会参加了筑路。次年底工程竣工。

9月3日　中共中央委员毛泽东以第六届农民运动讲习所所长的身份，应邀到黄埔军校燕塘分校为师生演讲。

1927年

2月　五仙桥青年农民张耀球、丘光学组织成立沙河四区农民协会，由五仙桥（今属天河区）、麦地、京溪、扼山村组成。农会成立后，军队及土匪就不敢再来滋扰。

3月　龙眼洞青年在村中的璞庵樊公祠成立番禺县农民协会龙眼洞分会。农会有统一的证章、竹帽，会旗是犁头旗。会员们白天劳动，晚上开会，内容多是关于爱国爱民、反帝反封建、打土豪分田地、组织起来翻身做主人等。

4月15日　广州国民党反动派发动反革命政变，屠杀共产党人。沙河四区农民协会农会会员全部上山躲避，几天后才下山。次年，扼山村农会中队领导人何材记在同和榕树头被捕，"罪名"是参加共产党的农会，是"土匪"，判处有期徒刑三年。

10月15日　中共广东省委召集南方及省委联席会议，李海筹是36名省委委员之一。

12月11日　中共领导的广州起义爆发。凌晨3点，起义军总司令叶挺亲自率领教导团二营和炮兵连以及工农赤卫队，从四标营（今越华路一带）誓师出发，直奔沙河燕塘军营，俘获敌军炮兵一团和二团，打响了广州起义第一枪。

12月12日晚　广州起义失败，起义军撤出广州城。

1928年

4月　中共番禺临时工委和中共番禺县第四区（禺东区）委成立。

5月　中共番禺县委对天河地区的革命活动做出行动计划，要求组织赤卫队、护耕队，但未能实现。因革命处于低潮时期，此后天河地区党组织活动基本处于停滞状态。

1936年

2月　中山大学进步学生到长湴村举办乡村教育实验区（以

开办夜校的形式）。夜校设在梁氏宗祠陶然小学，有学生120多人，由中大派学生执教。

7月　大批中大进步学生和中大附中一部分同学到长湴村夜校任教。他们在教授文化知识的同时，宣传共产党的抗日救国主张。

8月　中大进步学生到龙洞眼、石牌村举办夜校。

1938年

4月　上海复旦大学学生沈毅到中大活动时被逮捕。中大学生联合多所大学的学生一起到宪兵司令部抗议，要求放人。抗争取得成功，当局被迫释放沈毅。沈毅返回中大，召开斗争胜利大会。长湴村夜校学员积极参加胜利大会，并受到极大的教育和鼓舞。

6月23日　中大战时工作队与长湴村抗日先锋队在祠堂召开"武装保卫大广东"宣传大会。大会由领导报告武装保卫大广东的意义和办法，然后有演讲和歌舞，参加的村民有二三百人。

6月　长湴夜校30余名学员按照教师、中大学生党员的意见，组成广东青年抗日先锋队（简称"抗先队"）。

6月　国民党查封新华日报广州分馆，中大等多所学校掀起反查封斗争。中共代表廖承志在广州哥伦布餐厅举行记者招待会。长湴村青年抗日先锋队全体队员参加会议。梁容举等高举"广东青年抗日先锋队"的大旗步入会场，并高呼口号。会后长湴村青年抗日先锋队还高举队旗，参加示威游行，沿途高唱《团结就是胜利》。

6月至8月　中大学生利用暑假期间到石牌宣传，教唱抗日歌曲。

9月　抗先队长湴分队副队长、长湴夜校学员梁万益由夜校老师、中大学生党员廖行介绍加入共产党，成为天河地区农村第一位本地党员。

10月　中共广州市委在长㳇村举办一期党员训练班。参加人员主要是中大学生党员，由市委领导罗范群、吴华等主讲，为期10天左右。

10月　日军入侵广州。某日长㳇村抗日先锋队在附近的山头伏击入侵的日军先头部队。战斗由当天下午4点多进行到晚上8点多，抗日先锋队直至大队日军逼近才撤回村里隐蔽。

1939年

是年　由原中大学生、夜校教师莫福生到长㳇村恢复联络站，地点在颐养院（在今华南师范大学内），长㳇村人梁帝添、梁大发、梁金礼参加。

1941年

2月　广东人民抗日游击队增从番（增城、从化、番禺）独立大队（后改为独立第二大队）在增城油麻山建立抗日根据地。

是年　在增城的东江纵队第四支队委派曾在长㳇夜校任教的中大学生莫福生回到长㳇，找到原农民学员梁明和招新，指示他们在长㳇建立情报联络站。

1943年

春　杨德元安排徐幽明到凌塘任小学教师。不久，经组织同意，徐幽明任新塘乡副乡长、凌塘村保长。因此，凌塘村的政权为中共地下组织所掌握。

是年　东江纵队第四支队在东圃建立联络站。

是年　凌塘、新塘、冼村、东圃四乡的地下党和爱国青年农民组成抗日青年大同盟，共60余人。

1944年

年初　中共地下组织动员各村进步青年到增城罗浮山游击区，参加东江纵队第四支队举办的民兵骨干训练班，学习政治和军事，受训半年。

8月　天河地区第一个中共支部——长湴党支部成立，王日新任支部书记。

是年　长湴村青年维持治安委员会成立，主任为梁明（中共党员）、副主任为招新（中共党员）。

1945年

3月　东江纵队第四支队新塘抗盟小组组长简锡兴带领简振友、简成业到凌塘村联系工作，返回途中突遭日军巡逻队机枪扫射。简成业右肩中弹负伤，抗盟宣传委员简振友中弹牺牲，年仅25岁。

4月11日　东江纵队游击队队员、龙眼洞村人樊登成在南海县平洲乡与日、伪军作战中牺牲。

夏收期间　东江纵队第四支队与长湴村革命武装联合，以收割水稻的农民身份夜宿，袭击龙眼洞村璞庵樊公祠内的伪警察所，俘虏有30多名伪警察，缴获枪支20余支，弹药一批。

8月　经过策反，日军翻译官郑木将机枪盗出，梁明、招新和简应机智通过日军检查，将机枪运送到东江纵队第四支队。①

1946年

1月　中山大学迁回石牌。进步学生重新在石牌村开办夜校，并宣传革命思想。

---

① 此事件所涉及的人物得到招新的证实，与梁池对该事件的描述不完全一致。

7月　中山大学师范学院地下党员陈仁恕（陈启）、杨家盛等人在中山大学师范学院教育系主任、广东省民众教育馆馆长王越教授支持下，以公开、合法的身份到长湴村举办"广东省民众教育馆长湴村社会教育实验区"，开展革命斗争。

1947年

5月31日　中大学生举行"反饥饿、反迫害、反内战"的游行活动，史称"五·三一"事件。

1948年

是年　中共领导下的4支武工队成立，分别是：新塘武工队、长湴武工队、冼村武工队、沙河武工队。武工队的活动形式参照抗日时期东江纵队的办法，需要时集中行动，平时分散活动。

是年　党组织利用东圃墟场经济繁华、人员来往较多、易于隐蔽的有利条件开设情报站。

1949年

4月　东圃墟圃育小学情报站、沙河墟情报站设立。

4月　中共地下组织领导人徐幽明在珠江南岸的琶洲村郑英家主持召开禺东地下党员骨干会议。会议决定成立东北郊人民游击队。

4月　中共番禺县委乘国民党广州警备司令部扩大警备部队之机，派共产党员周伯尧、陈鹏与农工党成员江坤、何甘棠、何春林等人在沙河墟警察分局成立警察第一总队第三大队。

8月28日　在帽峰山的矮嶂村，游击队召开干部大会，将禺东各地的武工队等人民武装统一为广州东北郊人民游击队。队长李汉光、政委徐幽明、副队长梅日新、周伯尧、政训室主任陈明，队员共300余人，队部设在帽峰山。

9月　禺东人民解放委员会沙河分会成立。长湴、沙河、五仙桥、同和等地20多个乡村都建立分会，总人数500余人。

10月　沙河和东圃地区分别成立支援前线委员会，筹集粮草准备迎接南下解放军大部队。

10月14日傍晚　南下解放军经沙河进入广州。游击队接应解放军开进沙河，接收沙河警察分局。

10月15日　解放军第四十四军政委吴富善率主力部队从沙河进入广州城内。新塘村小学升起禺东第一面五星红旗。

10月下旬　某天，约一营解放军部队列队经东圃大马路进入东圃墟。3天后，解放军大部队撤走，只留下10多人的武装工作队进驻东圃墟原警察分局。

11月11日　中国人民解放军举行广州解放入城仪式，同时举行庆祝广州解放群众游行。

后 记

2017年6月2日,中国老区建设促进会发出《关于编纂全国1599个革命老区县发展史的安排意见》,提出编纂《全国革命老区县发展史》。2018年1月16日,广东省老区建设促进会、广东省老区建设办公室发出《关于印发编纂〈革命老区县发展史〉丛书有关文件的通知》,要求有关区县编纂《革命老区县发展史》。文件附件《广东省编纂〈革命老区县发展史〉丛书县(市、区)》名单中有广州市天河区。

2018年7月,中共天河区委接到此项任务后,决定由区委党史研究室牵头,组建编纂委员会,负责《广州市天河区革命老区发展史》具体编写工作。

同年7月19日,广东省召开革命老区县发展史编纂工作培训班,本书编纂小组成员参加。根据培训班的要求和省制定的编写大提纲,本书编纂小组拟定编写方案。8月16日,广东省老区建设促进会修改本书编写提纲,编纂小组按照修改提纲进行编写。编纂期间,编写人员先后到天河区档案馆、白云区档案馆、长湴村档案室查阅有关资料,召开长湴村革命老人座谈会、中山大学校史研究室座谈会,采访长湴村老领导、革命老人,实地查看革命遗址。

根据广东省老区建设促进会的进度安排,编纂工作于2019年6月30日完成初稿;之后,送区民政局、区地方志办公室等有关部门和长兴街审核,并根据意见进行修改,至2021年2月修改完毕;随后,送广东人民出版社出版。

广州市天河区革命老区发展史编委会
2021年2月

广东人民出版社　党政精品图书

围绕中心，服务大局，做最具高度、深度和温度的主题出版物

扫码关注更多主题出版物

中宣部主题出版重点出版物

《中华人民共和国通史》（七卷本）

· 全国第一部反映中华人民共和国70年光辉历程的多卷本通史性著作
· 中央党校、中央党史和文献研究院权威专家倾力打造

《账本里的中国》

一册册老账本，串起暖心回忆，讲述你我故事，体味民生变迁。

《全国革命老区县发展史丛书·广东卷》

· 挖掘广东120个革命地区的红色记忆
· 中国老区建设促进会牵头组织

《红色广东丛书》

· 广东省委宣传部重点主题出版物
· 传承红色基因，弘扬革命精神

本书配有智能阅读助手，为您1V1定制

《广州市天河区革命老区发展史》阅读计划

帮助您实现"时间花得少，阅读体验好"的阅读目的

建　议　配　合　二　维　码　一　起　使　用　本　书

您可根据自己的学习需求，量身定制专属于您的阅读计划：

阅读服务方案	阅读时长指数	为您提供的资源类型	帮助您达到以下学习目的
1. 高效阅读	阅读频次 较低　每次时长 较短　总共耗费时长	总结类	快速学习和掌握红色精神。
2. 轻松阅读	阅读频次 较高　每次时长 适中　总共耗费时长	基础类	简单了解革命老区的历史。
3. 深度阅读	阅读频次 较高　每次时长 较长　总共耗费时长	拓展类	继承和发扬红色精神，推动老区发展。

针对您选择的阅读计划，您可以享受以下权益：

立刻获得的主要权益
▶ **专享本书社群服务**：提供创造价值与私密的深度共读服务，群内分享阅读干货，发起话题探讨
▶ **1套阅读工具**：辅助您高效阅读本书，终身拥有

每周获得的主要权益
▶ **专属热点资讯**：16周社科文学类资讯推送，每周2次
▶ **精选好书推荐**：16周文学社科热门好书推荐，每周1次

长期获得的主要权益
线下读书活动推荐：精选活动，扩充知识开拓视野 不少于1次
抢兑礼品：免费抽取实物大礼 不少于2次限时抽奖

微信扫码
添加智能阅读助手

只需三步，获取以上所有权益：
1. 微信扫描二维码；
2. 添加智能阅读助手；
3. 获取本书权益，提高读书效率。

※ 鉴于版本更新，部分文字和界面可能会有细微调整，敬请包涵。